会社四季報の達人が全力で選んだ
10倍・100倍になる！　超優良株ベスト30

渡部清二

SB新書
603

はじめに

株式投資をする上で、最大の悩みとなるのが「どこを投資先にすればいいか」ということでしょう。長期トレンドになりそうなテーマを見つけるのも、そのテーマに沿った優良銘柄を選定するのも容易ではありません。

この本ではその悩みに応えるべく、将来的に大きく成長することが期待できる市場テーマについて詳しく解説し、具体的な個別の30銘柄を一挙大公開しています。

ご紹介した銘柄の大半が、一般的にはあまり知られていないものです。これは、今後の成長が期待できる（つまり、伸びしろが大きい）銘柄を中心に選んだ結果です。

模擬試験などでも、偏差値70の人よりも偏差値50の人のほうが、今後成績が上がる可能性が高く、伸びしろも大きいですよね。それと同じことが株式投資にも言えるのです。

みなさんは「テンバガー」という言葉を聞いたことがありますか？　これは、株価が買ったときの10倍になる銘柄を表す言葉です。この言葉の生みの親は、ピーター・リンチ氏です。彼はファンドマネージャーとして、１９７７年から１９９０年までの間、アメリカの運用会社・フィデリティ社で、マゼランファンドという旗艦ファンドを運用していた人物です。

株価が10倍になる銘柄は、ちょっとやそっとでは見つからないような気がしますよね。ところが実際は意外に多いのです。私は独自の方法で、日本の上場企業のうちどれくらいがテンバガーになったことがあるかを調べたことがあります。

その結果、約４％がテンバガーを達成していることがわかりました。上場企業の数が『会社四季報』（以下、四季報と表記）の最新号（２０２２年秋号）の表紙に記載された３８６５社だとして計算すると、そのうち１５０～１５５社ほどがテンバガーということになります。

かなり高い確率だと思いませんか？　少なくとも宝くじが当たる確率（年末ジャンボ1等の当選確率は、なんと０・０００００５％）よりはよほど高いということは、おわかりいただけることでしょう。

この本では、テンバガーに成長していきそうな会社（銘柄）を自分で探す方法について も、わかりやすく解説していきます。

私が代表を務める複眼経済塾という個人向け投資スクールでは、「投資の三種の神器」として四季報、日経新聞、指標ノート（日経新聞の見出しや各種株価、経済指標などを手書きで記録したノート）を活用して長期的成長が期待できる市場テーマや会社を見つける方法をお教えしています。

今回の書籍では、そのうち四季報の読み方に特化した内容としました。

本書では、数字以外の「四季報の文字情報」の読み取り方も、できる限り詳しく解説することにしました。まずは四季報の文字情報の読み方を知り、次に数値データの読み方を身につけるという構成になっています。そのため、「数字・数式・計算が苦手」という方でも、これから長期間にわたって成長を遂げるであろう超優良株を自力で探し出すスキルが身につくはずです。

また、「文字情報→数値データ」という2ステップ方式で、四季報に親しみつつ効率よくテンバガーを見つけましょう、というのがこの本のもう1つのコンセプトです。

四季報は全2000ページ以上もある、投資家にとって極めて重要な情報がぎっしりとつまった「宝の書」です。

私はその宝の書を約25年間、毎号完全読破してきました。四季報は年間4冊出版されているので、25年間×4冊＝100冊、となります。おそらく私は、日本一四季報を愛読している人間なのではないかと思います。

私は野村證券時代から四季報を読むようになったのですが、その前後で明らかに変わったと感じられる点があります。それは、毎号読んでいくうちに、経済の流れを体系的にとらえることができるようになり、1つの生物のように感じられるようになったことです。やがて、「株式市場には森羅万象が反映される」ということを理解したとき、株式市場の潮目が可視化され、長期トレンドになりそうなテーマに気づくことができるようになったのです。その結果、投資判断の精度が高まって投資家のお客様に的確なアドバイスができるようになり、多くの方から感謝されはじめました。

これは私と同じような手順を踏むことで、誰もが実践可能なスキルと言えます。つまり、四季報から得られる情報をきちんとキャッチし、理解することができれば、どなたでも市場経済を立体的・多面的にとらえて、「今、時代はどう変わっているのか」「今、何がトレンドのテーマなのか」が理解できるのです。

この本を、四季報に親しみ、そして投資の奥深い世界を探訪する第一歩としていただければ、著者としてこれほどうれしいことはありません。

ぜひ、最後まで楽しみながら読んでみてください。

複眼経済塾塾長　渡部清二

※本書は株式投資をする際に参考となる情報の提供を目的としています。筆者の経験・調査・分析に基づき執筆したものですが、利益を保証するものではありません。投資に関する最終決定は、必ずご自身の判断で行ってください。

※本書内の四季報のデータは、主に2022年秋号（9月発売）に基づいており、他の号のデータを使用する場合は、その都度、当該箇所に明記しています。

会社四季報の達人が全力で選んだ
10倍・100倍になる！ 超優良株ベスト30

目次

第2章　会社四季報の達人が教える　大化けする銘柄の見極め方

第3章　会社四季報の達人が教える 超優良市場の見つけ方

【キャッシュフロー】

第4章 会社四季報の達人が教える 右肩上がりの市場と銘柄

第1章

会社四季報の達人が教える

10倍株探しの必勝パターン

○「3000年生きた男」が教える、とっておきの「四季報の読み方」

私が四季報を読むようになって、今年（2022年）でまる25年が経ちました。2022年秋号をもって、読破した冊数は実に100冊に到達しました。

四季報の取材・執筆には約120人の記者が関わっているそうです。つまり、25年間四季報を読み続けてきた私には、「120人×25年分＝3000年分」の英知の蓄積があるということになります。そこで私は、「3000年生きた男」と名乗ることにしたのです。同じことを実践している人はそう多くないでしょう。そんな私が25年の経験の中で身につけてきた四季報の読み方を、この本ではじっくりとご紹介したいと思います。

四季報を普段お読みになったことがない方は、全2000ページ以上にもおよぶ、まるで百科事典のような見た目に驚かれるかもしれません。それもそのはず、**3800社前後の日本の上場企業のすべてを網羅的に紹介しているのが、年4回刊行される四季報**です。その中では、1／2ページにつき1社、つまり見開き2ページで計4社の、企業に関する特徴・業績・財務・過去3年間をさかのぼった株価の動きなどが一覧にまとまっているのです。

まさに「投資のバイブル」！　他にはない四季報の3つの強み

四季報は、東洋経済新報社が1936（昭和11）年から発行している**「株式投資のバイブル」**とも呼ぶべき刊行物です。「四季報」の名の通り3月、6月、9月、12月と四半期ごとに発行されており、日本の全上場企業約3800社の情報が掲載されています。

87年におよぶ歴史の中で、戦前~戦後に3年間ほど発行されなかった期間がありますが、戦時中も休刊することなく発行されていました。私は、この**「ほとんど休刊なく発行され続けてきた」**というところに四季報のすごみが集約されていると感じます。

というのも、情報誌としての「継続性」があるからです。80年以上も継続した刊行物は、その他ではJTBの時刻表くらいしかないのではないでしょうか。

上場企業に関する継続的なデータがあるということは、投資家にとって極めて重要

▼『会社四季報』の３つの強み

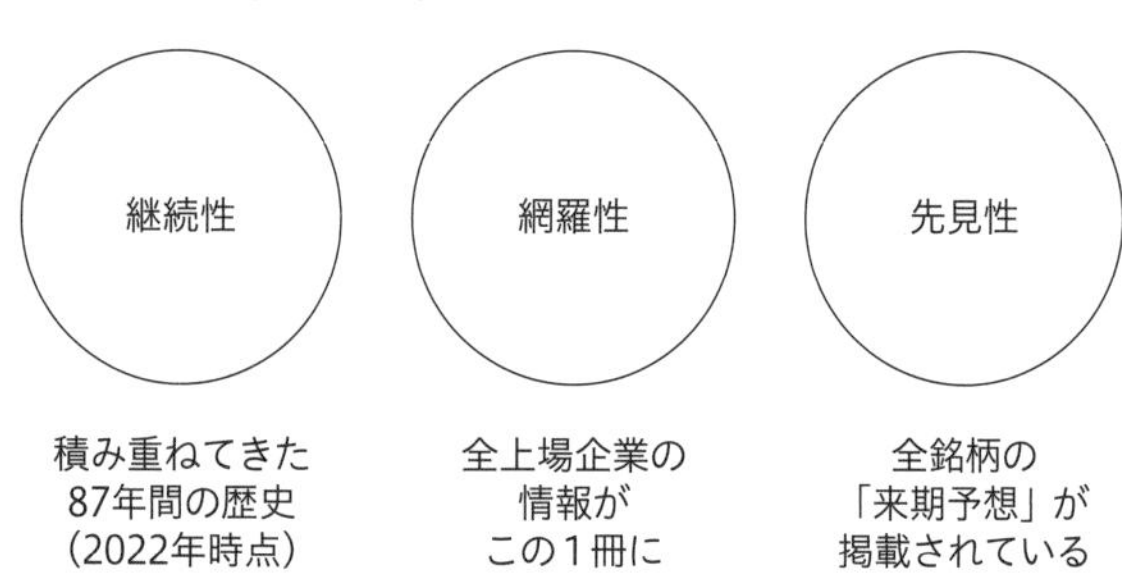

（複眼経済塾）

なことです。なぜなら、その企業の過去のデータを見ることで歴史を知ることができるばかりでなく、現在の姿が浮き彫りになったり、将来像が予測できたりするからです。

四季報の強みの1つとして、まずこの「継続性」を挙げたいと思います。

そして、2つ目の強みとしては「網羅性」が挙げられます。

全上場企業の情報が同じ密度で掲載されている定期刊行物は、現在では四季報以外には存在しません。かつて、日本経済新聞社が『日経会社情報』という刊行物を発行していましたが、2017年の春号をもって休刊となりました。

そのため、現状としては**世界中で四季報だけが、全上場企業の情報を網羅した刊行物**となっています。

3つ目の強みは「先見性」があることです。

四季報では、すべての銘柄について「来期予想」が掲載されています。前述した日本経済新聞社の『日経会社情報』には、来期予想は掲載されていませんでした。

来期予想は投資判断に深く関わるものなので、四季報は極めて利便性に富んでいると言えます。

狙い目のキーワードは「潜在テーマ」に隠れている！

四季報の誌面は12のブロック（50〜51ページ参照）で構成されており、これらを大きく分けると、「数値データ」と「その他の文字情報」に分けられます。この2つの区分に対応する形で、四季報の読み方にも実は2つのパターンが存在するのです。私の前著『会社四季報の達人が教える 誰も知らない超優良企業』（ＳＢクリエイティブ、２０２２年）では、数値データが含まれる財務・業績などのブロックを中心に、定量的な分析眼をもって優良企業を探すヒントをみなさんにお教えしました。

今回は、それ以外の文字情報——つまり、企業情報・業績コメント・株主の状況など、数値では表現できない企業の一側面を表現している「言葉」をヒントに、定性的な視点から超優良企業を探す四季報の読み方を伝授します。

定量的なデータの読み解きではなく、定性的なキーワードを見つける嗅覚を養いましょう——と言われるとどうでしょう？　四季報を投資に活用するハードルがだいぶ下がった感じがしませんか？

また、本書では一般的にまだ知られていない投資テーマを**「潜在テーマ」**と名づけています。今のところ、そのテーマの重要性に気づいている人はごく少数だけれども、これから大きな時代の動きを作っていくようなテーマのことです。例えば、「次世代パワー半導体」「農業ＩｏＴ」「ジャポニスム」などです。第４章では、これら以外にも多数の「潜在テーマ」をご紹介していますが、このようなテーマの市場へは投資のしがいがあります。なぜならば、まだ大多数の人に気づかれておらず、株価が安価であることが多いからです。つまり、**人よりも早く潜在テーマに気づくことによって、大きな成長が期待できる会社を見つけることができる**というわけです。

本書では、誰もが四季報を読みこなして銘柄選びの参考にできるよう、四季報の読み方に習熟していくプロセスをご説明していくので、どうぞ安心してついてきてください。

どんな不況下でも「これから伸びる株」は必ず存在する

ところで、株式投資についてこんな声をよく聞きます。

「株式投資をしてみたいけれども、何を基準に銘柄を選べばいいかわかりません」

「一日中、株価を見ていないといけないんですよね？　そんなことはできません」

「思い切って株を始めてみたのですが、損失を出してしまいました。以後、何年もほったらかしにしています」

そんな声を耳にするたび私は、「なんてもったいない！」と思います。

適切な銘柄の選び方を身につけ、3カ月に一度、年4回の四季報が刊行されるタイミングで銘柄チェックをしておけば、リスクを抑えながら株式投資を楽しむことができるのです。ところが、残念なことにその手法はほとんど知られていません。

そのため、「素人が株に手を出しても儲かるはずがない」と多くの人が思い込んでいます。

また、「日本企業はもうダメだ」と言う人もいます。その理由としてよく挙げられるのが、日本経済の成長率の低さや、アメリカをはじめとする海外企業の時価総額が拡大しているのに対し、日本企業の時価総額が見劣りするようになったことです。

しかし、それらを理由に日本株に一切投資しないというのは極論すぎるように私には思えます。というのも、どんな不況下でも新しい産業は生まれ、利益を出す会社や株価が上昇する会社は存在しているからです。

○年末ジャンボ宝くじを買うよりもカンタンなテンバガー探し

私が主宰している「複眼経済塾」では、塾生のみなさんに短いスパンで株式の売買を繰り返すのではなく、長期間保有し、じっくりと値上がりを待つ長期投資の観点で銘柄選びをするようお伝えしています。

「はじめに」でも述べましたが、**株価が買ったときの10倍以上になる銘柄は「テンバガー」**と呼ばれます。この言葉を世に広めた伝説的ファンドマネージャーのピーター・リンチ氏がマゼランファンドを運用していた期間に、ニューヨークダウの平均株価は約3倍の伸びにとどまったのに対し、リンチ氏が運用したマゼランファンドは約28倍という驚異的な成長を遂げます。

なぜ、このような運用成績を残すことができたのでしょうか。その理由をリンチ氏はこう語っています。

「人によく知られていない銘柄や、業績はいいのに人気がなくなって株価が下がっている銘柄に投資したからだ」と。

私が、株式投資で勝つための秘策として考えている、

①人に知られていない銘柄……中小型成長株

②人気はないが業績のいい銘柄……業績回復株

これら2種類の銘柄をうまく組み合わせることによって、リンチ氏は自身が運用するマゼランファンドを、世界最高の投資信託ファンドに押し上げることに成功したのです。

ところで日本の上場企業のうち、テンバガーは何％くらいあると思いますか？四季報2022年秋号によれば、上場企業の数は3865社です。このうち過去10年間における最安値からの上昇率で見たとき、**株価が10倍以上になったテンバガーはなんと140社以上**もあるのです（2022年10月20日の終値を基準に抽出）。**確率にするとおよそ4％**。100社のうち約4社の株価が10倍になったというのはすごいことだと思いませんか？

「はじめに」でも述べたように、年末ジャンボ宝くじに当たることの難しさからすれば、テンバガーを見つけるのは80万倍くらいやさしいと言えます。

○株式投資として大成功した「トヨタ自動車」

さて、前項でご紹介したピーター・リンチ氏の意見には大いに賛同する私ですが、業績回復株というのは常にあるわけではありません。というのも株価にはサイクルがあり、「上昇→下降→上昇→下降」を繰り返しているからです。

業績が回復する局面でないと、そのタイミングをとらえることができませんし、そもそもどこが株価の底なのかという判断をするのは難しいものです。

それに比べて、前者の中小型成長株は常に株式市場に存在します。

ここで「中小型成長株＋業績回復株」の2つの要素を満たし、株式投資として大成功した究極の例をご紹介しましょう。

銘柄は日本を代表する**トヨタ自動車（7203。以後、銘柄名の後のカッコ内は4桁の証券コードを明記）**です。

現在、トヨタ自動車は日本の株式市場の時価総額ランキングで堂々の1位。その額は約34兆円（2022年8月29日時点）と、2位のソニーG（6758）に20兆円近い差をつけて断トツでトップを走っています。

そんなトヨタ自動車が最初に四季報に登場したのは、1937（昭和12）年のことです。

本社は愛知県西加茂郡挙母町（ころもちょう）、資本金は１２００万円、社長は豊田利三郎（とよだりさぶろう）でした。

私がセミナーなどでよくネタにしているのは、株式上場から13年後の１９５０年に最安値をつけたときのことです。

当時、日本経済はデフレのさなかにあり、日経平均株価は10カ月で52％下落していました。

これは、ＧＨＱ経済顧問として訪日したデトロイト銀行頭取のジョゼフ・ドッジ氏が、戦後のインフレを収束させるために行った金融引き締め策（＝デフレ政策）により、失業や倒産が相次ぐ「ドッジ不況（ドッジデフレ）」と言われる不況に陥っていたためです。トヨタ自動車もドッジ不況に巻き込まれ、厳しい状況にありました。

このような情勢を背景に、同年６月に発行された四季報夏号でトヨタ自動車に寄せられたコメントは次のようなものでした。

「【争議】経営合理化のための二工場の閉鎖、一千六百人の人員整理、一割賃下案をめぐって争議中」

「【前途】わが自動車工業の前途は楽観を許さぬものがある。当社の再建も容易ではない」


（『会社四季報』1950年夏号）


いい材料が1つもないというのはまさにこのことでしょう。これを反映して、株価は同年6月に23・5円の最安値をつけます。

「トヨタ自動車もこれで終わりか」と思われたことでしょう。

ところが、何が起こるかわからないのが世の常です。

この絶望的なコメントが書かれた四季報夏号発行の数日後、朝鮮戦争が勃発。日本はアメリカ軍を中心とした国連軍へ軍事物資を提供することになり、なんと製造業は在庫を吐き出した上に増産。「朝鮮特需」による好景気に突入したのです。これを機に、トヨタ自動車はみるみる業績を回復していきました。

次号の四季報（1950年秋号）では、国内外の需要が復活し、状況が好転したことを伝える趣旨のコメントへと変化しました。

つまり、その後日本経済が軍需景気で活況を呈し、日経平均株価は急上昇。2年7カ月で5・6倍をつける大相場となったのと歩みをそろえ、トヨタ自動車の株価も最安値をつけてから2年後の1952年6月には10倍に上昇したのです。

○約18万倍へと大化けしたトヨタ株

最安値で買っていた場合、当時の単位株は1000株だったので投資金額は、

23・5円×1000株＝23，500円

となります。当時の四季報の販売価格が150円、2022年秋号が2300円（税込み）で約15倍になったことを考えれば、現在の価値で約35万円といったところでし

ょうか。

私は主催するセミナーにご参加いただいた方へ、「もし、このときにトヨタの株を購入して今まで保有し続けていたら、何倍になったと思いますか？」と尋ねるようにしています。ちなみに、日経平均株価は１９８９年の史上最高値３８，９１５円の時点で約４５０倍になっています。

ご質問された方はイメージが湧かないらしく、「50倍」とか「１００倍」と答えます。「そんなに小さくていいんですか？」と問いかけると「６００倍」とか「１０００倍」といった答えが出てくるのですが、いえいえ、そんなに小さなものではありません。

答えは約18万倍です！

トヨタ自動車の株価は最安値をつけた後、上昇に転じました。そして現在に至るまで株式分割を繰り返しています。

株式分割とは、高額になった株式を分割して、多数の少額の株式にすることを言います。高額な株式を、安価にして買いやすくするために行われます。

「1：2」の分割や「1：3」の分割などと言われますが、これは1株を2株もしくは3株に分割するという意味で、株価もそれに伴って1／2、もしくは1／3になります。

株主にとっては、株式分割によって持ち株の数が増えるわけです。

2022年8月26日時点のトヨタ自動車の終値は、2108円です。株式分割とそれに伴う修正株価を考慮すると、最安値のときに最低単位で株式を購入し、今まで持ち続けた場合の試算結果はなんと約50億円に上ります。もはや天文学的数字と言えるのではないでしょうか。

みなさんのおじいさんやおばあさんなど、ご先祖様の誰かが1950年に現在価格にして30万円ほどを投じてトヨタ自動車の株を買ってくれていたら……きっとそう思わずにはいられないでしょう。

○「ファーストリテイリング」は約20年で100倍以上に！

トヨタ自動車は、70年という長い歳月をかけて大成長しました。

もう少し短いスパンで成長した例として、**ファーストリテイリング（9983）**の例を見ていきましょう。

世界3位のSPA（Speciality store retailer of Private label Apparelの略。企画から製造、販売までを垂直統合させたサプライチェーンモデルのこと）大手で、ユニクロとGUを展開するファーストリテイリングが上場したのは1994年7月。

1998年6月に1050円と最安値をつけた後、株価は上昇に転じ、2021年3月に11万0500円の最高値をつけました。

これは、10倍どころか100倍を超える大化けぶりです。

ファーストリテイリングも最安値をつけた1998年以降、2000年10月と2002年4月に1：2の株式分割を行い、株数は4倍に増えていますので、投資金額で見れば実に400倍以上になったと言えます。

○約24倍に急成長した「ドン・キホーテ」

ドン・キホーテで知られる、パン・パシフィック・インターナショナルホールディ

▼株価チャートが急上昇したときの「ドン・キホーテ」

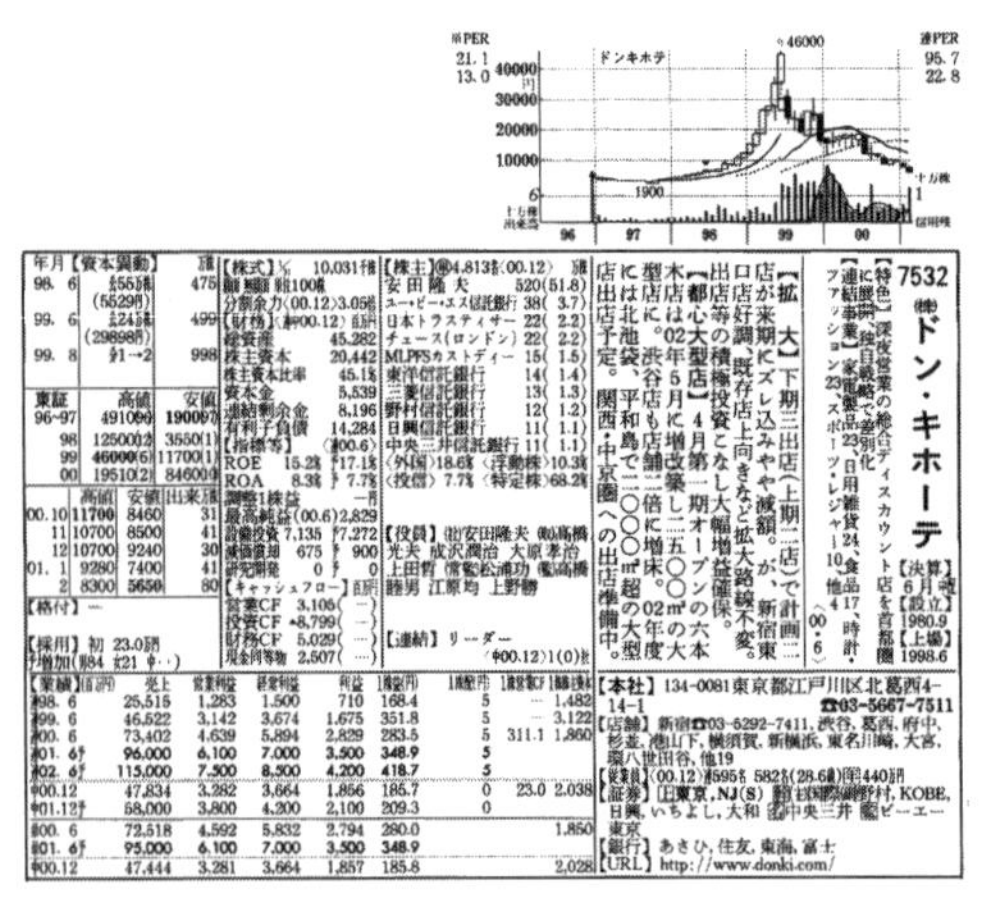

単PER 21.1 13.0　ドンキホテ　↑46000　連PER 95.7 22.8
40000 円 30000 20000 10000 6 1900　十万株 出来高　十万株 1 信用残
96 97 98 99 00

7532 ㈱ドン・キホーテ
【決算】6月　【設立】1980.9　【上場】1998.6

【特色】深夜営業の総合ディスカウント店を首都圏に展開。独自戦略で差別化
【連結事業】家電製品23、日用雑貨24、食品17、時計・ファッション23、スポーツ・レジャー10、他4〈00・6〉

【拡　大】下期三出店（上期二店）で計画二店が来期にズレ込みやや減額。が、新宿東口店好調、既存店上向きなど拡大路線不変。出店等の積極投資こなし大幅増益確保。
【都心大型店】4月第一期オープンの六本木店は02年5月に増改築し二五〇〇㎡の大型店に。渋谷店も店舗二倍に増床。02年度には北池袋、平和島で二〇〇〇㎡超の大型店出店予定。関西・中京圏への出店準備中。

【株主】4,813名〈00.12〉 万株
安田隆夫 520(51.8)
ユー・ビー・エス信託銀行 38(3.7)
日本トラスティサー 22(2.2)
チェース(ロンドン) 22(2.2)
MLPFSカストディー 15(1.5)
東洋信託銀行 14(1.4)
三菱信託銀行 13(1.3)
野村信託銀行 12(1.2)
日興信託銀行 11(1.1)
中央三井信託銀行 11(1.1)
〈外国〉18.6%〈浮動株〉10.3%
〈投信〉7.7%〈特定株〉68.2%

【役員】(社)安田隆夫 (副)高橋光夫 成沢潤治 大原孝治 上田哲 (常監)松浦功 (監)高橋睦男 江原均 上野勝

【連結】リーダー
〈00.12〉1(0)社

【株式】10,031千株
分割余力〈00.12〉3.05倍
【財務】〈00.12〉百万円
総資産 45,282
株主資本 20,442
株主資本比率 45.1%
資本金 5,539
連結剰余金 8,196
有利子負債 14,284
【指標等】〈00.6〉
ROE 15.2% 予17.1%
ROA 8.3% 予7.7%
調整1株益 —円
最高純益(00.6) 2,829
設備投資 7,135 予7,272
減価償却 675 予900
研究開発 0 予0
【キャッシュフロー】百万円
営業CF 3,106(—)
投資CF ▲8,799(—)
財務CF 5,029(…)
現金同等物 2,507(…)

年月	【資本異動】	万株
98.6	公55万株 (5529円)	475
99.6	公24万株 (29898円)	499
99.8	分1→2	998

東証	高値	安値
96~97	4910(96)	1900(97)
98	12500(12)	3550(1)
99	46000(6)	11700(1)
00	19510(2)	8460(10)

	高値	安値	出来高
00.10	11700	8460	31
11	10700	8500	41
12	10700	9240	30
01.1	9280	7400	41
2	8300	5650	80

【格付】—

【採用】初 23.0万円
予増加(84 21 中‥)

【業績】(百万円)	売上	営業利益	経常利益	利益	1株益(円)	1株配(円)	1株営業CF	1株株主資本
98.6	25,515	1,283	1,500	710	168.4	5	…	1,482
99.6	46,522	3,142	3,674	1,675	351.8	5	…	3,122
00.6	73,402	4,639	5,894	2,829	283.5	5	311.1	1,860
01.6予	96,000	6,100	7,000	3,500	348.9	5		
02.6予	115,000	7,500	8,500	4,200	418.7	5		
中00.12	47,834	3,282	3,664	1,856	185.7	0	23.0	2,038
中01.12予	68,000	3,800	4,200	2,100	209.3	0		
00.6	72,518	4,592	5,832	2,794	280.0			1,850
01.6予	95,000	6,100	7,000	3,500	348.9			
中00.12	47,444	3,281	3,664	1,857	185.8			2,028

【本社】134-0081東京都江戸川区北葛西4-14-1 ☎03-5667-7511
【店舗】新宿☎03-6292-7411、渋谷、葛西、府中、杉並、港山下、横須賀、新横浜、東名川崎、大宮、環八世田谷、他19
【従業員】〈00.12〉595名 582名(28.6歳)年440万円
【証券】上東京,NJ(S) 幹国際,野村,KOBE,日興,いちよし,大和 名中央三井 監ビーエー東京
【銀行】あさひ,住友,東海,富士
【URL】http://www.donki.com/

（『会社四季報』2001年春号）

ングス（7532。本書ではわかりやすいように、「ドン・キホーテ」と表記）が株式市場に上場したのは、1996年12月のことです。

私がドン・キホーテを四季報で見つけた1998年、当時数店舗しかなかったうちの1店が家の近くにあり、実際に入ってみたことがあります。店内はまるで高校の文化祭のお化け屋敷のようで、率直に「なんだか雑然としたお店だな」という印象を抱きました。私の好みには合わなかったということです。そこで、すでに株を買っていただいていたお客

様には売却するようおすすめしたのですが、これが大きな間違いでした。

確かにドン・キホーテは私の好みには合いませんでした。しかし時代の流れには合っていたのです。

ドン・キホーテが上場した1996年12月は、1997年6月から20カ月ほど続いた第2次平成不況の前夜とも呼ぶべき時期でした。多くの方の給与が上がらず、デフレが続く中、安値で商品を提供するドン・キホーテは消費者ニーズにぴったりマッチしていたのです。

結果として、ドン・キホーテの株価は急上昇。1997年9月修正株価の安値1900円が1999年6月の高値46，000円と、1年9カ月でおよそ24倍になりました。客観的な視点を持たずに、自分の主観に頼った判断をしてしまったことは、私自身今でも少し心残りです。

○約20倍に跳ね上がった、あの国産ファッションブランド

トヨタ自動車、ファーストリテイリング、ドン・キホーテと誰もが知っている銘柄

が続きました。ここからは、知る人ぞ知るテンバガーをご紹介していきましょう。

TOKYO BASE（3415）というアパレルブランドがあります。前社名のSTUDIOUSだった時代、2015年9月に上場しました。

それ以降、国内ブランドに特化したセレクトショップと、独自ブランドとしてのUNITED TOKYOが主に30～40代の女性に支持され、順調に業績を伸ばしていきました。

上場から半年後の2016年3月に修正株価で321円の安値をつけましたが、その後急上昇。2017年8月には6210円と、約20倍に跳ね上がったのです。

世界から日本製品の良質さが注目される中、売上は伸び続けており、2023年にはニューヨーク出店を目指すなどポテンシャルも十分。現在、株価は300円台（2022年10月時点）と比較的低水準にあるものの、これからの成長が十分期待できる銘柄と言えます。

他にもいくつかテンバガーを達成した会社をご紹介しましょう。

寿スピリッツ（2222）

会社プロフィール

「【特色】 菓子大手。土産やギフト用軸に地域限定菓子製販会社多数」

ここに注目！

地方観光のお土産用の地域限定菓子を製造販売している会社です。空港やデパートの催事場で売っている北海道の洋菓子ルタオ、東京・表参道のフランセ（リブランディング前は「横濱フランセ」）、長崎の九十九島（くじゅうくしま）せんぺいなどもこの会社の商品です。

新型コロナ感染拡大前のインバウンド需要が高かったときに、最安値から約26倍になりました。コロナが収束してインバウンド需要が戻ってきたら、間違いなく再評価されるでしょう。

四季報にはその予兆をとらえた前向きなコメントが見られました。

「【回復】 新規ブランド投入も継続。コロナ影響弱まり土産求め客数回復基調。（中略）営業益大きく回復」

「【EC】他社サイトでもデジタルギフト強化など需要掘り起こしに力点」

アークランドサービスホールディングス（3085）

会社プロフィール

「【特色】カツ丼の「かつや」を直営、FCで展開。唐揚げなど育成中」

ここに注目！

ホームセンターを展開するアークランドサカモトの子会社として上場し、かつやをフランチャイズ展開するようになりました。こちらも約26倍に上昇した実績があります。

○紙とオンラインの二刀流で、四季報からテンバガーの兆しをつかめ！

日本株の中には、過去にも現在にもテンバガーになる銘柄がいくつも存在していることがおわかりいただけたことでしょう。

では、どうすればそのような銘柄を見つけることができるのでしょうか。

答えは明快です。「四季報を読み、そこからめぼしい銘柄をピックアップすればいい」のです。

もちろん、四季報すべてのページにくまなく目を通すのは難しいことです。長年読破を継続してきた私ですら、四季報を読み通すには2～3日はかかります。ただ、ポイントだけを押さえて読むことは誰でも簡単にできます。

また、四季報には移動中でもチェック可能なオンライン版もあるので、そちらを利用するのもいいでしょう。**オンライン版では、株価の上昇率、業績予想、決算情報などで条件指定を行い、銘柄をスクリーニング**することもできます。お目当ての株がきっと見つかることでしょう。

その他にも、独自の連載記事や四季報誌面をデジタルデータで閲覧できる「四季報アーカイブ」など、お役立ちコンテンツがつまっています。私も「四季報読破邁進中」と銘打った連載を行っていますので、ご興味のある方はぜひ一度読んでいただけるとうれしいです。

○約120人の記者の英知がつまっている

四季報には独自の来期予想の他、記者オリジナルのコメントが書かれています。これは記者が取材を繰り返し、文字数の制限範囲内で練りに練って書いたものです。冒頭でも述べましたが、四季報の取材・執筆には120名以上の記者が関わっているそうで、1人1人が時間をかけて取材をし、あらゆる情報の中から一番大切なものを凝縮して四季報に載せているわけです。

つまり、**四季報を1冊読めば、約120人分の英知をもらうことができる**ということです。これは本当にすごいことです。

考えてみてください。私が1人でこの作業をしようとしたら1年に1社記事にする場合、120年ほどかかるということなのです。

ちなみに、四季報の価格は税込みで2300円（2022年秋号）です。

1年間に4冊購入したとしても、

2300円 × 4冊 ＝ 9200円

にしかなりません。

1万円を切る価格で株式投資に関する取材・執筆に長じたプロフェッショナルの英知が買えるのですから、これを使わない手はないでしょう。

私も最初は嫌だった「四季報読破」

今でこそ四季報についての熱い語りが止まらない私ですが、最初から四季報の熱烈なファンだったわけではありません。

私は新卒で野村證券株式会社に入社し、新入社員研修の際に「四季報を読むように」と指導されたのですが、研修期間中は嫌々ながら読むふりをしていても、研修が終わった後は私も含めて、同期の誰も読まなくなりました。

当時の私にとって、四季報は文字と数字の羅列が延々と続くだけで、読むべきポイントがわからないのはもちろん、読まなければいけない必要性も全く理解できていませんでした。

そんな私に転機が訪れたのは、入社7年目を迎えた1997年のことです。四季報読破を実践していた厳しい上司に「四季報を読め！」と厳命されたのです。

当時の野村證券は体育会系の社風で、上司の命令は絶対でした。半ば強制されて読み始めたわけですが、実は私の心の中に「もっとしっかり勉強して、企業分析ができるようになってお客様のお役に立ちたい」という切実な思いがありました。

だからこそ、上司のこの言葉に荷の重さを感じつつも、受け入れることができたのだと思います。

○四季報読破「1冊目の壁」を越えた先に見える景色

私はこうして四季報を習慣的に読むようになったわけですが、当初はかなり大変でした。日中はお客様回りをしなければならないので、四季報読みに充てられる時間は限られます。

まずは1冊読み通してみようと考え、必死に取り組みました。すると、ちゃんと終わりが来たのです。「絶対に無理だと思っていたけれども、意外に読めるものなのだな」

と思いました。最初の1冊を1週間で読み切ったので、1冊2000ページとして1日あたり300ページ弱を読んだことになります。

最初のうちはすべてのページに目を通すことに主眼を置いていたので、中身にまで意識が回りませんでした。しかし、回数を重ねるうちに社名や個々の会社の歴史が印象に残るようになっていきました。

街で看板を見て「ああ、あの会社だ。これが本社なのか」と思ったり、設立年月日に反応して「こんなに古い時代から組織として活動していたのか！」と驚いたり……それまでの人生で想像したこともない世界に触れ、自分自身が豊かになっていく実感がありました。

積み重ねというのはすごいもので、1年間で計4冊を読み終えたとき、明らかに自分が変化しているのを感じました。四季報に掲載されている社名を目にすると、会社の所在地や業種、会社の特色、直近の業績など、その会社に関連したデータが自然に思い出せるようになったのです。

ように なっていきました。

○四季報読みは年4回の恒例行事

四季報読みを続けるうち、次第に読むスピードも上がり、2日間ほどで読み切れるようになっていきました。

四季報発行のタイミングというのがまた絶妙でして、3月と9月の春分・秋分の日や、12月のクリスマス直前に出る。出たらすぐに読んでお客様へのアドバイスに役立てたいので、必然的に休日をつぶすことになります。

そのため私は、四季報を読み始めた1997年以来、クリスマスに浮かれて酔いつぶれたということは一度もありません。家族と一緒にごちそうを食べてお祝いはしますが、お酒は飲まないので頭は常にクリアです。

こう書くと、みなさんには苦行のように感じられるかもしれませんが、私の感じ方は逆です。「年に4回、それぞれ2日間だけ頑張ればいい」と思っているのです。

年に4回、集中的に四季報を読むことで、まだ有名にはなっていないけれども、成長が期待できる銘柄を発見したり、業績はいいのに株価が下がっている掘り出し物の

銘柄を見つけたりできるというのは、とても効率のいいやり方と言えるのではないでしょうか。

四季報は仕組みの理解が9割！

一口に「四季報を読む」と言っても、相手は2000ページを超える「大物」です。しかも小説やビジネス書などのように、起承転結があったり、最初に問題提起があり次第に解決に向かっていくといった明確な流れがあるわけでもありません。漫然と冒頭から読もうとすると、十中八九挫折することでしょう。

そこでまず、四季報がどのような構成になっているのかを知ることから始めましょう。お手元に四季報があれば、めくりながら確認していくことをおすすめします。よりいっそう理解が進むはずです。

では、始めます。

巻頭にあるカラーの広告ページが終わると、「CONTENTS（目次）」が出てきます。

※次ページ以降で、誌面を掲載しているものは最新号（2022年11月時点）である2022年秋号（9月発売）の四季報ですが、本文中での銘柄や株価に関する解説は2022年夏号（6月発売）の内容をベースとしておりますので、ご留意ください。

最初に目に飛び込んでくる「巻頭ランキングで成長企業を発掘！」のうち、最初のテーマ（この号の場合「四半期営業利益　高進捗率ランキング」）は毎号変わります。**重要なのは、2〜3ページの「【見出し】ランキングで見る業績トレンド」と「市場別集計」、6〜7ページの「業種別業績展望」**です。

ここを読むことで、日本の産業への理解が深まります。詳しくは、本書の第3章でご説明することとします。

四季報の具体的な読み方については、20ページから始まる「会社四季報の見方・使

▼CONTENTS（目次）を見れば、その号の概要がつかめる

CONTENTS 会社四季報［秋号］　2022年4集

巻頭ランキングで成長企業を発掘！

始めの一歩！
まずは上位会社を読んでみよう

好業績企業はココだ！　3 今号のポイント

1000 2000 3000 4000 5000 6000 7000 8000 9000

（『会社四季報』2022年秋号）

い方」が役に立ちます。

本書50～51ページの図のように、AからK、およびNの12のブロック分けと、欄外のLに前号と比較して業績がどう変化したかが矢印で表される他、Mには場合によって「独自予想マーク」が付されることがあります（例：会社比強気→😊、会社比弱気→😣）。

個別銘柄のページでは、1ページにつき2銘柄が掲載されており、欄外の最上部に直近4年分のチャートが掲載されています。

これをどう読むかが、四季報を使いこなせるかどうかのカギになります。

私が編み出したのは、銘柄情報のうち重要と思われる特定部分だけをピックアップして読んでいくやり方です。

ブロック分けされた部分でいうと、A、B、D、E、J、Nの6つです。私はこれを、かつての安倍政権にちなみ**「アベ（ABE）・ジャパン（JN）・デラックス（D）」**と呼んでいます。

この2ステップで誰でも四季報の達人になれる

この6つのパーツは、2種類に大別されます。1つが文字・画像情報、もう1つが数値データです。

文字・画像データには、

・A……証券コード・社名（その他、会社の特色など）
・B……業績予想記事・材料記事
・D……株主・役員・連結子会社
・N……チャート・株価指標（※こちらは数値データも含まれます）

が該当します。

本書は、文字情報に注目して各ブロックを取り上げるため、ブロックNの詳細な説明は省いています。

一方、数値データには、

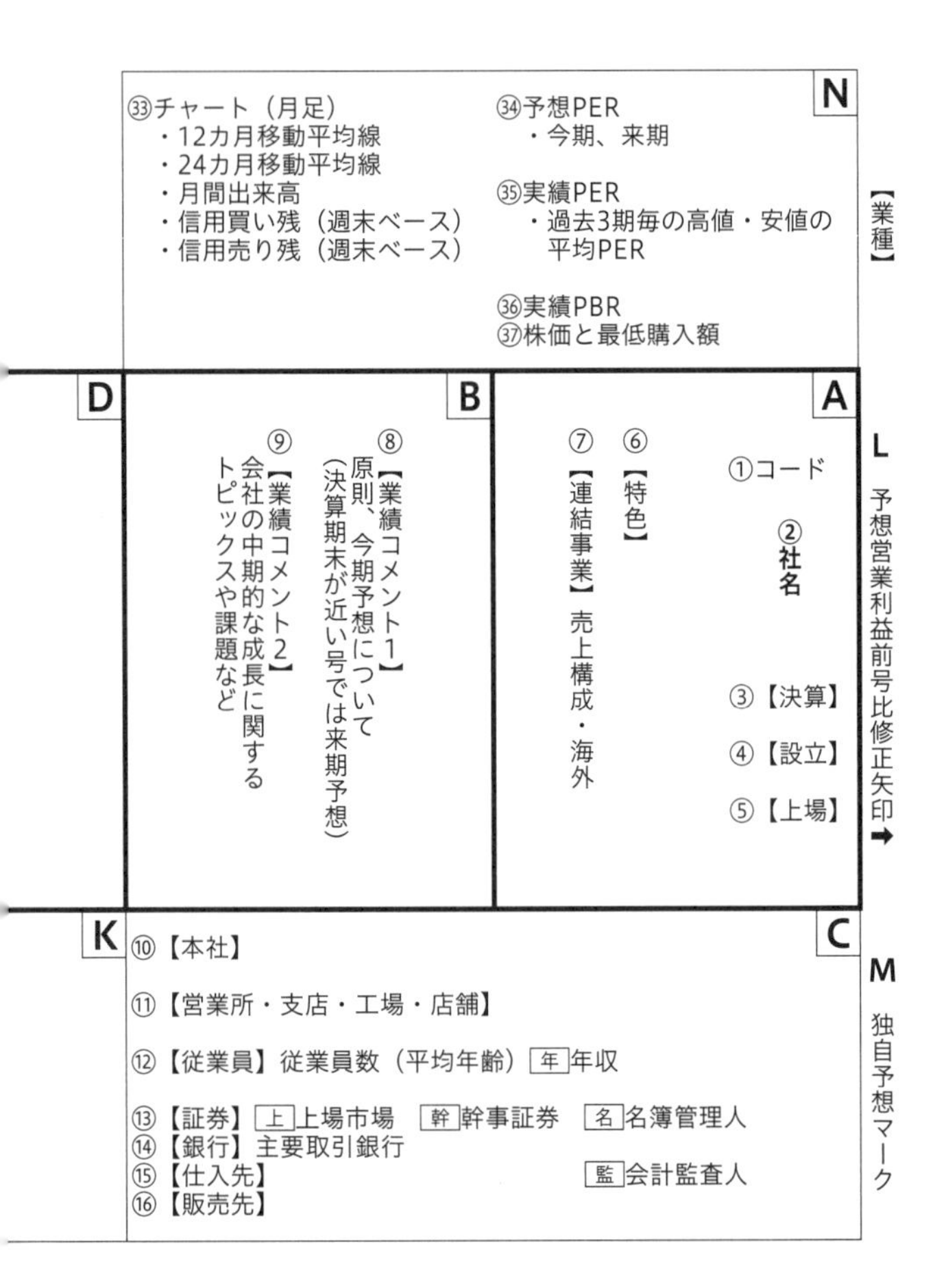

N
㉝チャート（月足）
・12カ月移動平均線
・24カ月移動平均線
・月間出来高
・信用買い残（週末ベース）
・信用売り残（週末ベース）
㉞予想PER
・今期、来期
㉟実績PER
・過去3期毎の高値・安値の平均PER
㊱実績PBR
㊲株価と最低購入額
【業種】
A
①コード
②社名
③【決算】
④【設立】
⑤【上場】
⑥【特色】
⑦【連結事業】売上構成・海外
L
予想営業利益前号比修正矢印➡
B
⑧【業績コメント1】原則、今期予想について（決算期末が近い号では来期予想）
⑨【業績コメント2】会社の中期的な成長に関するトピックスや課題など
D
C
K
⑩【本社】
⑪【営業所・支店・工場・店舗】
⑫【従業員】従業員数（平均年齢）年 年収
⑬【証券】上 上場市場　幹 幹事証券　名 名簿管理人
⑭【銀行】主要取引銀行
⑮【仕入先】　監 会計監査人
⑯【販売先】
M
独自予想マーク

▼四季報誌面の構成

F
㉔【資本移動】

G
㉕【株価】

H
㉖【特集企画】

I
㉗【業種】
※東洋経済
業種分類による

㉘【比較会社】

E
⑳【株式】
・発行株式数
・単位株、時価総額、貸借

㉑【財務】〈決算期〉
・総資産、自己資本
・自己資本比率、資本金
・利益剰余金
・有利子負債

㉒【指標等】
・ROE、ROA
・最高純益
・設備投資、減価償却等

㉓【キャッシュフロー】
・営業CF、投資CF
・財務CF、現金同等物

⑰【株主】
・株主数
（単位株）
・上位株主10人
〈外国〉〈浮動株〉
〈投信〉〈特定株〉

⑱【役員】
会社法上の取締役
および監査役

⑲【連結】
主な連結子会社

J
㉙【業績】
・今期、来期の東洋経済予想
・会社が発表した業績予想（予想発表日）
・項目：売上高、営業利益、経常利益（税前利益）、
純利益、１株利益（EPS）、
１株配（本決算は年額）
連：連結決算
◎：米国SEC方式連結決算
◇：IFRS方式連結決算
単：単独決算

㉚【配当】

㉛予想配当利回り
㉜一株純資産

（会社四季報を参考に複眼経済塾が作成）

▼実際の四季報誌面はこのようになっている

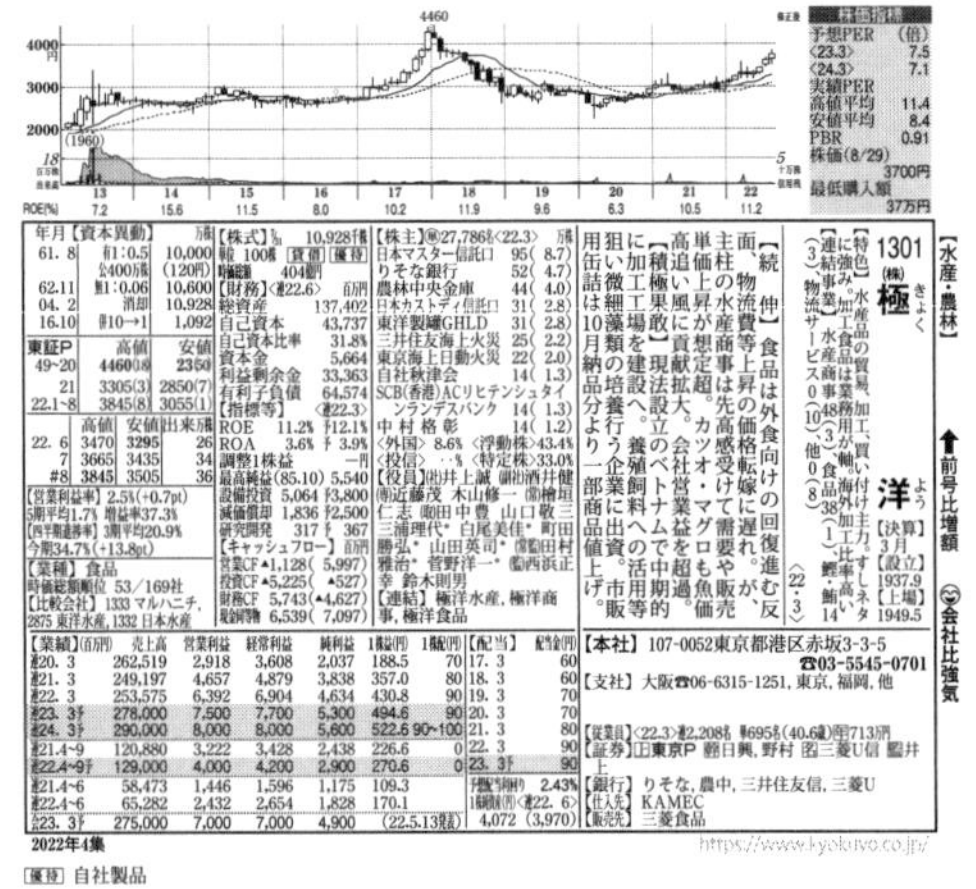

【株価指標】
予想PER (倍)
〈23.3〉 7.5
〈24.3〉 7.1
実績PER
高値平均 11.4
安値平均 8.4
PBR 0.91
株価(8/29) 3700円
最低購入額 37万円

【水産・農林】

1301 (株)極洋（きょくよう）

【決算】3月
【設立】1937.9
【上場】1949.5

【特色】水産品の貿易、加工、買い付け主力。すしネタに強み。加工食品は業務用が軸。海外加工比率高い
【連結事業】水産商事48(3)、食品38(1)、鰹・鮪14(3)、物流サービス0(10)、他0(8)〈22・3〉

【続伸】食品は外食向けの回復進む反面、物流費等上昇の価格転嫁に遅れ。が、主柱の水産商事は先高感受けて需要や販売単価上昇が想定超。カツオ・マグロも魚価高追い風に貢献拡大。会社営業益を超過。
【積極果敢】現法設立のベトナムで中期的に加工工場を建設へ。養殖飼料への活用等狙い微細藻類の培養行う企業に出資。市販用缶詰は10月納品分より一部商品値上げ。

⬆前号比増額　😊会社比強気

【本社】107-0052東京都港区赤坂3-3-5　☎03-5545-0701
【支社】大阪☎06-6315-1251, 東京, 福岡, 他
【従業員】〈22.3〉連2,208名 単695名(40.6歳)年713万円
【証券】上東京P 幹日興, 野村 名三菱U信 監井上
【銀行】りそな, 農中, 三井住友信, 三菱U
【仕入先】KAMEC
【販売先】三菱食品

年月	【資本異動】	万株
61. 8	有1:0.5	10,000
	公400万株	(120円)
62.11	無1:0.06	10,600
04. 2	消却	10,928
16.10	併10→1	1,092

東証P	高値	安値
49~20	4460(18)	23(50)
21	3305(3)	2850(7)
22.1~8	3845(8)	3055(1)

	高値	安値	出来万株
22. 6	3470	3295	26
7	3665	3435	34
#8	3845	3505	36

【営業利益率】2.5%(+0.7pt)
5期平均1.7% 増益率37.3%
【四半期進捗率】3期平均20.9%
今期34.7%(+13.8pt)

【業種】食品
時価総額順位 53/169社
【比較会社】1333 マルハニチ, 2875 東洋水産, 1332 日本水産

【株式】6/30 10,928千株
単位 100株 貸借 優待
時価総額 404億円

【財務】〈連22.6〉 百万円
総資産 137,402
自己資本 43,737
自己資本比率 31.8%
資本金 5,664
利益剰余金 33,363
有利子負債 64,574

【指標等】〈連22.3〉
ROE 11.2% 予12.1%
ROA 3.6% 予 3.9%
調整1株益 ―円
最高純益(85.10) 5,540
設備投資 5,064 予3,800
減価償却 1,836 予2,500
研究開発 317 予 367

【キャッシュフロー】百万円
営業CF ▲1,128(5,997)
投資CF ▲5,225(▲527)
財務CF 5,743(▲4,627)
現金同等物 6,539(7,097)

【株主】単27,786名〈22.3〉 万株
日本マスター信託口 95(8.7)
りそな銀行 52(4.7)
農林中央金庫 44(4.0)
日本カストディ信託口 31(2.8)
東洋製罐GHLD 31(2.8)
三井住友海上火災 25(2.2)
東京海上日動火災 22(2.0)
自社秋津会 14(1.3)
SCB(香港)ACリヒテンシュタインランデスバンク 14(1.3)
中村格彰 14(1.2)
〈外国〉8.6% 〈浮動株〉43.4%
〈投信〉‥% 〈特定株〉33.0%

【役員】(社)井上誠 (副社)酒井健 (専)近藤茂 木山修一 (常)檜垣仁志 (取)田中豊 山口敬三 三浦理代* 白尾美佳* 町田勝弘* 山田英司* (常監)田村雅治* 菅野洋一* (監)西浜正幸 鈴木則男

【連結】極洋水産, 極洋商事, 極洋食品

【業績】(百万円)	売上高	営業利益	経常利益	純利益	1株益(円)	1株配(円)
連20. 3	262,519	2,918	3,608	2,037	188.5	70
連21. 3	249,197	4,657	4,879	3,838	357.0	80
連22. 3	253,575	6,392	6,904	4,634	430.8	90
連23. 3予	278,000	7,500	7,700	5,300	494.6	90
連24. 3予	290,000	8,000	8,000	5,600	522.6	90~100
連21.4~9	120,880	3,222	3,428	2,438	226.6	0
連22.4~9予	129,000	4,000	4,200	2,900	270.6	0
連21.4~6	58,473	1,446	1,596	1,175	109.3	
連22.4~6	65,282	2,432	2,654	1,828	170.1	
会23. 3予	275,000	7,000	7,000	4,900	(22.5.13発表)	

【配当】	配当金(円)
17. 3	60
18. 3	60
19. 3	70
20. 3	70
21. 3	80
22. 3	90
23. 3予	90

予想配当利回り 2.43%
1株純資産(円)〈連22. 6〉 4,072 (3,970)

2022年4集　https://www.kyokuyo.co.jp/

優待 自社製品

(『会社四季報』2022年秋号)

・E……株式・財務・キャッシュフロー
・J……業績

が該当します。

上の図は実際の誌面です。

これをパッと見て、文字・画像情報と数値データのどちらを「読みやすい」と感じましたか？　おそらく大半の人は文字・画像情報はすんなり入ってくるけれども、数字はちんぷんかんぷんで意味がわからない、と感じるのではないでしょうか。

そこで今回、四季報の読み方に慣

れるための2ステップをご提案したいと思います。

四季報は会社の成績表のようなものなので、記されているのはその会社の評価です。**評価には数字で表すことのできる評価＝定量評価と、数字では表せない評価＝定性評価の2種類**があります。

最初に、数字で表すことのできない定性評価的な側面（この場合は記者のコメントなど）から見ていきます。

それを踏まえて、次に定量評価的な観点（この場合は企業業績など）から再チェックすることによって、あなたにとっての「気になる銘柄」を見つけてみようという試みです。

まずは手軽な読み物に目を通すつもりで、四季報の文字情報を拾っていきましょう。

第2章

会社四季報の達人が教える

大化けする銘柄の見極め方

○四季報の文字情報で企業の成長性を判断

この章では、四季報を株式投資の最強ツールとして使いこなすためのファーストステップとなる、文字情報を読むコツについてご説明していきます。

会社が事業を営むには「元手」が必要です。会社は元手を使って事業を営み、価値を生み出していきます。元手は「資本」とも呼ばれます。

これから大きく成長する会社を見極めるには、会社の資本に関する状況をしっかりと見る必要があります。

企業の資本は、

①財務資本
②非財務資本

の2つに大きく分かれます。

2013年、イギリスの非営利団体IIRC（International Integrated Reporting Council＝国際統合報告評議会。以下、IIRCと表記）は「6つの資本」という

▼企業経営における「6つの資本」

資本の種類	内容
財務資本	株式、借入、利益など
製造資本	建物、設備、インフラなど
知的資本	特許、システム、暗黙知など
人的資本	能力、経験、イノベーションなど
社会・関係資本	ブランド、評判、ネットワークなど
自然資本	水、空気、土地、森林、生物多様性など

（IIRC国際統合フレームワークより）


フレームワークを提示しました。

財務資本、製造資本、知的資本、人的資本、社会・関係資本、自然資本の6つのうち、財務資本を除く5つが「非財務資本」と言われています。

非財務資本とは、企業が公表する財務諸表には記載されない情報ですが、持続可能な世界の実現のために、企業の成長に重要なESG（環境〈Environment〉、社会〈Social〉、ガバナンス〈Governance〉の頭文字を取った言葉）投資を考える機関投資家などによって、注目を集めるようになってきました。

財務諸表に記載される財務資本は可視化されやすいですが、記載されない非財務資本は可視化されにくい資本です。

では、資本全体を見て投資判断をしなければならないとき、非財務資本については何を手がかりにすればいいのでしょうか。

その材料となるのが、四季報の文字情報なのです。

○企業の定性評価とは、就職面接のようなもの

言うまでもなく、投資判断をする上で財務データを確認することは大切です。

でも、「数字さえよければＯＫ」と言い切れるわけではないことも事実です。

例えば、採用試験のことを考えてみてください。書類審査で確認した経歴がどんなに素晴らしくても、それだけで即採用となることはないはずです。

面接をして話をし、人となりを見て初めてわかるものがあり、それが採用をするかしないかの重要な基準になりますよね？

数字に置き換えられる評価を「定量評価」、数字にできない評価を「定性評価」と言いますが、この例で置き換えると、書類に記載された経歴＝定量評価、書類では確認できないもの＝定性評価となります。

私は、投資判断もこれと同じで、**どんなに数字がきれいでも（＝定量評価がよくても）、その会社がどんな理念を持って事業を運営しているか、社員の士気はどうかなど、定性評価に関わる部分に納得がいかない限り、そこの会社に投資すべきではない**と思っています。

だからこそ、四季報の記者約120人が長い時間をかけて取材した内容を厳選して掲載している文字情報は、とても重要なのです。

なお、四季報の情報は極めて有用なものではありますが、株主になったらぜひともも株主総会に行き、その会社の経営陣がどんな人たちなのか、確認することをおすすめします。

○お宝株はこの「3ブロック」を見ればわかる！

ここからいよいよ、四季報の実際の読み方のご説明に入っていきましょう。第1章でもお伝えした通り、四季報の四角い枠にはA～Nの12の要素が入っています。

私はセミナーなどで、これを「幕の内弁当」に例えてご説明することが多いです。いろんな要素がつまっていて、さまざまな方向からその銘柄を見ることができるという点が、多くの味と食感を楽しめる幕の内弁当にそっくりだと思うのです。

A～Nのデータのうち、文字情報として必ずチェックしたいのが、A、B、Dの3つのブロックです。みなさんがイメージしやすいように1つの企業を私、渡部清二に見立てて、A、B、Dそれぞれのブロックに自己紹介文をつけるとすれば、次のような形になります。

・ブロックA：自己紹介

「私の名前は渡部清二です。野村證券で23年働いたのち、現在は複眼経済塾の塾長をしています。大の日本酒好きです」

・ブロックB：近況報告と中長期の展望

「2022年9月をもって、累計100冊の会社四季報読破を達成しました。ひとまず、短期的な目標として四季報読破は150冊を目指して続けていきます。中長期的な目標としては、複眼経済塾での活動が挙げられます。具体的には、〝自立・自律した経済人を育てる〟というコンセプトのもと、私自身のナレッジを活かして経済や投資の奥深さをより多くの人々に伝えていきたいと考えています」

・ブロックD：株主と経営陣の紹介

「私は複眼経済塾の社長であり、筆頭株主でもあります。そのため当社はオーナー企業です。会社を運営している仲間は【役員】欄に記載の通りです」

それでは、各ブロックについて順番にご説明していきましょう。

○《ブロックA》

名前も知らない優良株と出合える！　企業の自己紹介欄

会社の自己紹介の欄です。**「会社概要」**と考えてください。証券コードの後に社名が記載されています。

かつて証券コードは、業種によって決まっていました。例えば、農林水産業は１３００番台、建設業は１７００〜１９００番台という具合です。

ちなみに現在は、使われずに空いているコードに新規上場した銘柄を割りあてるようになったので、必ずしも業種別にはなっていません。

証券コードの下には社名があります。四季報を読み始めたはいいけれども、途中で嫌になってしまったという場合には、社名を見るだけでもＯＫです。

というのも、**まずはどんな会社が株式市場に上場しているかを把握することが、投資の第一歩**だからです。「こんな会社があるんだ」と気づくだけでも、十分意味のあることです。

最初から「全ページ読破しよう」などとは考えず、ご自分のペースで無理のないように読み進めていってください。

さて、社名には頭に㈱がつくもの（いわゆる「前株」）と、社名の後ろにつくもの（いわゆる「後株」）の2種類があります。

52ページで例に挙げた**極洋（1301）**の表記は「㈱極洋」となっていますね。㈱が社名の前についているので、この会社の正式名称は「株式会社極洋」となります。

ところで、Ｃａｎｏｎというカメラで有名な光学機器メーカーがありますね。この会社のカタカナ表記をご存じですか？　多くの人が「キャノン」だと思い込んでいますが、さにあらず。正式には「キヤノン」（ヤは大文字）なのです。社名の前に㈱がないので「キヤノン株式会社」です。

実はこういうことを知っておくのは、とても大切なのです。誰だって自分の名前を間違えられるとあまりいい気分ではありませんよね。会社も同じことで、特にビジネスシーンでは、「前株」と「後株」を間違えるだけで信用を失うこともありますので、

▼ブロックAは企業の自己紹介パート

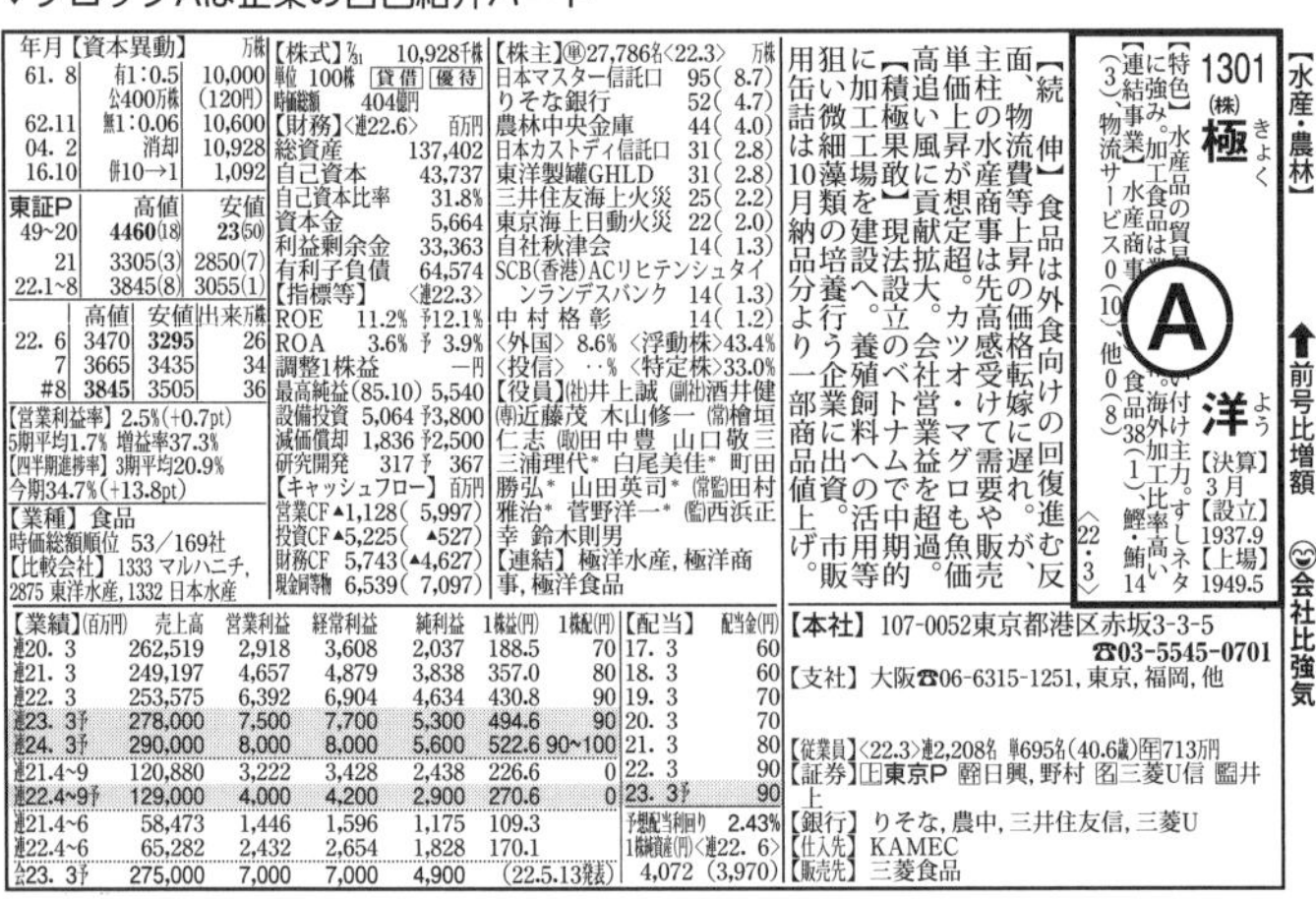

【水産・農林】 ⬆前号比増額 😊会社比強気

1301 (株)極洋 きょくよう

【特色】水産品の貿易、加工、買い付け主力。すしネタに強み。加工食品は業務用が軸。海外加工比率高い
【連結事業】水産商事48(3)、食品38(1)、鰹・鮪14(3)、物流サービス0(10)、他0(8)〈22・3〉
【決算】3月 【設立】1937.9 【上場】1949.5

【続伸】食品は外食向けの回復進む反面、物流費等上昇の価格転嫁に遅れ。が、主柱の水産商事は先高感受けて需要や販売単価上昇が想定超。カツオ・マグロも魚価高追い風に貢献拡大。会社営業益を超過。
【積極果敢】現法設立のベトナムで中期的に加工工場を建設へ。養殖飼料への活用等狙い微細藻類の培養行う企業に出資。市販用缶詰は10月納品分より一部商品値上げ。

【本社】107-0052東京都港区赤坂3-3-5 ☎03-5545-0701
【支社】大阪☎06-6315-1251, 東京, 福岡, 他
【従業員】〈22.3〉連2,208名 単695名(40.6歳)年713万円
【証券】上東京P 幹日興, 野村 名三菱U信 監井上
【銀行】りそな, 農中, 三井住友信, 三菱U
【仕入先】KAMEC
【販売先】三菱食品

年月	【資本異動】	万株
61. 8	有1:0.5 公400万株	10,000 (120円)
62.11	無1:0.06	10,600
04. 2	消却	10,928
16.10	併10→1	1,092

東証P	高値	安値
49~20	**4460**(18)	**23**(50)
21	3305(3)	2850(7)
22.1~8	3845(8)	3055(1)

	高値	安値	出来万株
22. 6	3470	**3295**	26
7	3665	3435	34
#8	**3845**	3505	36

【営業利益率】2.5%(+0.7pt)
5期平均1.7% 増益率37.3%
【四半期進捗率】3期平均20.9%
今期34.7%(+13.8pt)
【業種】食品
時価総額順位 53/169社
【比較会社】1333 マルハニチ, 2875 東洋水産, 1332 日本水産

【株式】7/31 10,928千株
単位 100株 貸借 優待
時価総額 404億円
【財務】〈連22.6〉 百万円
総資産 137,402
自己資本 43,737
自己資本比率 31.8%
資本金 5,664
利益剰余金 33,363
有利子負債 64,574
【指標等】〈連22.3〉
ROE 11.2% 予12.1%
ROA 3.6% 予 3.9%
調整1株益 —円
最高純益(85.10) 5,540
設備投資 5,064 予3,800
減価償却 1,836 予2,500
研究開発 317 予 367
【キャッシュフロー】百万円
営業CF ▲1,128(5,997)
投資CF ▲5,225(▲527)
財務CF 5,743(▲4,627)
現金同等物 6,539(7,097)

【株主】単27,786名〈22.3〉 万株
日本マスター信託口 95(8.7)
りそな銀行 52(4.7)
農林中央金庫 44(4.0)
日本カストディ信託口 31(2.8)
東洋製罐GHLD 31(2.8)
三井住友海上火災 25(2.2)
東京海上日動火災 22(2.0)
自社秋津会 14(1.3)
SCB(香港)ACリヒテンシュタインランデスバンク 14(1.3)
中村格彰 14(1.2)
〈外国〉8.6% 〈浮動株〉43.4%
〈投信〉 ‥% 〈特定株〉33.0%
【役員】(社)井上誠 (副社)酒井健 (専)近藤茂 木山修一 (常)檜垣仁志 (取)田中豊 山口敬三 三浦理代* 白尾美佳* 町田勝弘* 山田英司* (常監)田村雅治* 菅野洋一* (監)西浜正幸 鈴木則男
【連結】極洋水産, 極洋商事, 極洋食品

【業績】(百万円)	売上高	営業利益	経常利益	純利益	1株益(円)	1株配(円)
連20. 3	262,519	2,918	3,608	2,037	188.5	70
連21. 3	249,197	4,657	4,879	3,838	357.0	80
連22. 3	253,575	6,392	6,904	4,634	430.8	90
連23. 3予	278,000	7,500	7,700	5,300	494.6	90
連24. 3予	290,000	8,000	8,000	5,600	522.6	90~100
連21.4~9	120,880	3,222	3,428	2,438	226.6	0
連22.4~9予	129,000	4,000	4,200	2,900	270.6	0
連21.4~6	58,473	1,446	1,596	1,175	109.3	
連22.4~6	65,282	2,432	2,654	1,828	170.1	
会23. 3予	275,000	7,000	7,000	4,900	(22.5.13発表)	

【配当】	配当金(円)
17. 3	60
18. 3	60
19. 3	70
20. 3	70
21. 3	80
22. 3	90
23. 3予	90

予想配当利回り 2.43%
1株純資産(円)〈連22. 6〉 4,072 (3,970)

(『会社四季報』2022年秋号)

1301 (株)極洋 きょくよう

【特色】水産品の貿易、加工、買い付け主力。すしネタに強み。加工食品は業務用が軸。海外加工比率高い
【連結事業】水産商事48(3)、食品38(1)、鰹・鮪14(3)、物流サービス0(10)、他0(8)〈22・3〉
【決算】3月
【設立】1937.9
【上場】1949.5

(『会社四季報』2022年秋号)

注意が必要です。

さて、社名の下には【決算】【設立】【上場】とあります。それぞれ決算の時期、会社設立の時期、上場の時期を表しています。

社名の左には【特色】【連結事業】が記載されています。【特色】には必ず目を通しましょう。後ほど詳しくご説明しますが、ここに「**世界首**

位」とか「国内首位」などの文言がある場合、投資先候補になり得ます。

また、四季報の達人を自称する私にとって、【特色】はとっておきの情報がつまった場所となっています。

私はこの欄を読んで、驚くほど長い歴史を持つ会社を見つけ出しました。**松井建設（1810）**です。

四季報最新号には、次のように書かれています。

「【特色】１５８６年創業、寺社建築で優れた技術」
（『会社四季報』２０２２年秋号）

創業は１５８６年。つまり、安土桃山時代です。徳川家康が豊臣秀吉の臣下となった年です。

世界最初の株式会社は、１６０２年にオランダで設立された東インド会社です。同社は事業継続を前提に有限責任制を導入し、出資者が株式を自由に譲渡できる仕組みを導入しました。

歴史に「たられば」を持ち込むべきでないのは重々承知ですが、もしも松井建設が創業と同時に株式を発行していたら、日本が株式会社発祥の地になったのに、とか、もしそのころに1株買って今まで持っていたらどうなっていただろう、などと考えてしまいます。

安土桃山時代から今までの間にさまざまな大判・小判の時代がありましたし、それ以降、藩札の時代、旧円の時代もありました。藩札も旧円も今ではなくなってしまいましたが、松井建設に株券があったなら、会社が存続している現在まで株券の価値は守られていたのでは？　と思うのです。

というのも、株式会社は「事業の継続」を前提としているからです。**時代の荒波を乗り越えて、利益を出して生き残っていくことが、株式会社の最大の目的。そして、株式を持つということは、その会社の一部を持つということ**です。

つまり、株式の保有は、時代の変化を乗り越えて財産を守っていけるということにつながるわけです。

《ブロックB》四季報記者が教える、今後の業績予想

ブロックAが「会社概要」だとしたら、このブロックBは「業績の近況報告と中長期の展望」となります。四季報編集部の記者によるコメントが書かれており、**【　】**が2つあって前半と後半に分かれています。

最初の【　】は原則的に今期のこと、つまり短期の話なので近況報告と言えます。**これに対して2つ目の【　】は将来のことであり、すなわち中長期の展望**となります。

私の場合は、会社の将来性に注目していますので、後者の中長期の展望をより重要視しています。

第1章でも触れましたが、この「来期以降の予想が取材記者の言葉で示されている」という点が、四季報ならではの特色と言えます。

▼ブロックBで中長期の展望をチェック

【水産・農林】 ⬆前号比増額 😊会社比強気

1301 (株)極洋（きょくよう）

【特色】水産品の貿易、加工、買い付け主力。すしネタに強み。加工食品は業務用が軸。海外加工比率高い
【連結事業】水産商事48(3)、食品38(1)、鰹・鮪14(3)、物流サービス0(10)、他0(8) 〈22・3〉
【決算】3月
【設立】1937.9
【上場】1949.5

Ⓑ
【続 伸】食品は外食向けの回復進む反面、物流費等上昇の価格転嫁に遅れ。が、主柱の水産商事は先高感受けて需要や販売単価上昇が想定超。カツオ・マグロも魚価高追い風に貢献拡大。会社営業益を超過。
【積極果敢】現法設立のベトナムで中期的に加工工場を建設へ。養殖飼料への活用等狙い微細藻類の培養行う企業に出資。市販用缶詰は10月納品分より一部商品値上げ。

年月	【資本異動】	万株
61. 8	有1:0.5 公400万株	10,000 (120円)
62.11	無1:0.06	10,600
04. 2	消却	10,928
16.10	併10→1	1,092

東証P	高値	安値
49~20	**4460**(18)	**23**(50)
21	3305(3)	2850(7)
22.1~8	3845(8)	3055(1)

	高値	安値	出来万株
22. 6	3470	**3295**	26
7	3665	3435	34
#8	**3845**	3505	36

【営業利益率】2.5%(+0.7pt)
5期平均1.7% 増益率37.3%
【四半期進捗率】3期平均20.9%
今期34.7%(+13.8pt)
【業種】食品
時価総額順位 53／169社
【比較会社】1333 マルハニチロ, 2875 東洋水産, 1332 日本水産

【株式】7/31 10,928千株
単位 100株 貸借 優待
時価総額 404億円
【財務】〈連22.6〉 百万円
総資産 137,402
自己資本 43,737
自己資本比率 31.8%
資本金 5,664
利益剰余金 33,363
有利子負債 64,574
【指標等】〈連22.3〉
ROE 11.2% 予12.1%
ROA 3.6% 予 3.9%
調整1株益 ―円
最高純益(85.10) 5,540
設備投資 5,064 予3,800
減価償却 1,836 予2,500
研究開発 317 予 367
【キャッシュフロー】百万円
営業CF ▲1,128(5,997)
投資CF ▲5,225(▲527)
財務CF 5,743(▲4,627)
現金同等物 6,539(7,097)

【株主】単27,786名〈22.3〉 万株
日本マスター信託口 95(8.7)
りそな銀行 52(4.7)
農林中央金庫 44(4.0)
日本カストディ信託口 31(2.8)
東洋製罐GHLD 31(2.8)
三井住友海上火災 25(2.2)
東京海上日動火災 22(2.0)
自社秋津会 14(1.3)
SCB(香港)ACリヒテンシュタインランデスバンク 14(1.3)
中村格彰 14(1.2)
〈外国〉 8.6% 〈浮動株〉43.4%
〈投信〉 ‥% 〈特定株〉33.0%
【役員】(社)井上誠 (副社)酒井健 (専)近藤茂 木山修一 (常)檜垣仁志 (取)田中豊 山口敬三 三浦理代* 白尾美佳* 町田勝弘* 山田英司* (常監)田村雅治* 菅野洋一* (監)西浜正幸 鈴木則男
【連結】極洋水産, 極洋商事, 極洋食品

【業績】(百万円)	売上高	営業利益	経常利益	純利益	1株益(円)	1株配(円)
連20. 3	262,519	2,918	3,608	2,037	188.5	70
連21. 3	249,197	4,657	4,879	3,838	357.0	80
連22. 3	253,575	6,392	6,904	4,634	430.8	90
連23. 3予	278,000	7,500	7,700	5,300	494.6	90
連24. 3予	290,000	8,000	8,000	5,600	522.6	90~100
連21.4~9	120,880	3,222	3,428	2,438	226.6	0
連22.4~9予	129,000	4,000	4,200	2,900	270.6	0
連21.4~6	58,473	1,446	1,596	1,175	109.3	
連22.4~6	65,282	2,432	2,654	1,828	170.1	
会23. 3予	275,000	7,000	7,000	4,900	(22.5.13発表)	

【配当】	配当金(円)
17. 3	60
18. 3	60
19. 3	70
20. 3	70
21. 3	80
22. 3	90
23. 3予	90

予想配当利回り 2.43%
1株純資産(円)〈連22. 6〉
4,072 (3,970)

【本社】107-0052東京都港区赤坂3-3-5
☎03-5545-0701
【支社】大阪☎06-6315-1251, 東京, 福岡, 他
【従業員】〈22.3〉連2,208名 単695名(40.6歳)年713万円
【証券】上東京P 幹日興, 野村 名三菱U信 監井上
【銀行】りそな, 農中, 三井住友信, 三菱U
【仕入先】KAMEC
【販売先】三菱食品

(『会社四季報』2022年秋号)

この欄に入る最大文字数は「19字×9行＝171字」。400字詰め原稿用紙半分にも満たない文字数です。そのうち来期予想の部分は、仮に半分と見積もれば85字程度となります。

この少ない文字数に、読者の投資判断の手がかりとなる貴重な情報のエッセンスが盛り込まれているわけですから、読むほうもいきおい真剣

中長期の展望　今期に関する言及

【続 伸】食品は外食向けの回復進む反面、物流費等上昇の価格転嫁に遅れ。が、主柱の水産商事は先高感受けて需要や販売単価上昇が想定超。カツオ・マグロも魚価高追い風に貢献拡大。会社営業益を超過。
【積極果敢】現法設立のベトナムで中期的に加工工場を建設へ。養殖飼料への活用等狙い微細藻類の培養行う企業に出資。市販用缶詰は10月納品分より一部商品値上げ。

(『会社四季報』2022年秋号)

にならざるを得ません。

前ページに例として挙げた**極洋（1301）**は、証券コードのトップバッターです。四季報を通読するとき、最初に読むのがこの銘柄の情報なのですが、これまであまり変化がありませんでした。

ところが、私が四季報を25年間読み続けてきた中で、初めて大きな変化が起こったのです。そのときの中長期コメントは次の通りです。

> 「【新設】建設中の世界最大級・閉鎖循環式陸上養殖場で生産するサーモンを25年販売へ」
>
> （『会社四季報』2022年夏号）

また、最新号では次のような前向きなコメントが見られました。

「【積極果敢】現法設立のベトナムで中期的に加工工場を建設へ。(中略) 微細藻類の培養行う企業に出資」
(『会社四季報』2022年秋号)

正直に言えば、私はこの会社にそこまで強い思い入れはなかったのですが、25年もの間、毎回最新号の四季報を手にするたび最初に目にする会社なので、「ついにやってくれたか!」と不思議な感慨を覚えました。

○《ブロックD》テンバガーを狙うなら「オーナー企業」をチェック

テンバガーを狙う場合、特に重要になるブロックです。

なぜなら、ここをチェックすることで、オーナー企業かどうかの判断ができるからです。**チェックポイントは、【株主】の上位に社長もしくは会長など、【役員】欄の上位2人の名前が載っているかどうか**です。もし1人でも出ていたら、その企業はオーナー企業と言えます。

ではなぜ、「テンバガー銘柄＝オーナー企業」なのでしょうか。まずは、オーナー企業の定義についてご説明しましょう。

オーナー企業とは、創業者やその親族、創業時のメンバーなどといった大株主個人が、社長や会長など経営の第一線に立っている企業のことを言います。

つまり、同じ人が会社を所有する株主と、事業を運営する経営者という2つの側面を持つので、意思決定が早く、さまざまなことに柔軟に対応できます。そのため、今後大きく伸びていく可能性が高いのです。

私は、これまでテンバガー銘柄の分析を何度もやりましたが、テンバガーになった銘柄のうち、およそ8割はオーナー企業でした。

次ページで例に挙げた**Lib Work**（リブワーク）（**1431**）という会社は、熊本県や福岡県地盤の注文住宅メーカーです。

▼テンバガーを狙うなら、ブロックDの株主情報をチェック

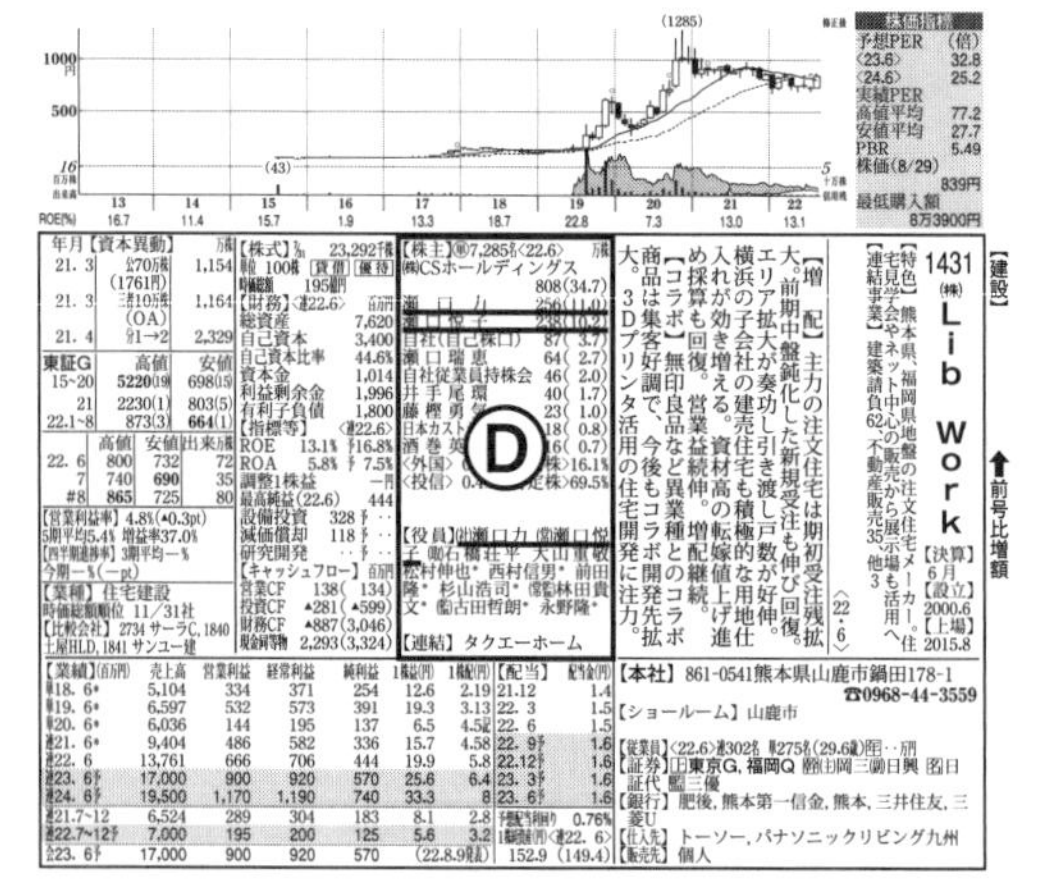

(1285)　(43)

株価指標	
予想PER	(倍)
〈23.6〉	32.8
〈24.6〉	25.2
実績PER	
高値平均	77.2
安値平均	27.7
PBR	5.49
株価(8/29)	839円
最低購入額	8万3900円

	13	14	15	16	17	18	19	20	21	22
ROE(%)	16.7	11.4	15.7	1.9	13.3	18.7	22.8	7.3	13.0	13.1

【建設】

1431 ㈱Lib Work

【特色】熊本県、福岡県地盤の注文住宅メーカー。住宅見学会やネット中心の販売から展示場も活用へ

【連結事業】建築請負62、不動産販売35、他3

【決算】6月　【設立】2000.6　【上場】2015.8

〈22・6〉

【増　配】主力の注文住宅は期初受注残拡大。前期中盤鈍化した新規受注も伸び回復。エリア拡大が奏功し引き渡し戸数が好伸。横浜の子会社の建売住宅も積極的な用地仕入れが効き増える。資材高の転嫁値上げ進め採算も回復。営業益続伸。増配継続。

【コラボ】無印良品など異業種とのコラボ商品は集客好調で、今後もコラボ開発先拡大。3Dプリンタ活用の住宅開発に注力。

年月【資本異動】		万株
21. 3	公70万株(1761円)	1,154
21. 3	三者10万株(OA)	1,164
21. 4	分1→2	2,329

東証G	高値	安値
15~20	5220(19)	698(15)
21	2230(1)	803(5)
22.1~8	873(3)	664(1)

	高値	安値	出来万株
22. 6	800	732	72
7	740	690	35
#8	865	725	80

【営業利益率】4.8%(▲0.3pt)
5期平均5.4% 増益率37.0%
【四半期進捗率】3期平均―%
今期―%(―pt)

【業種】住宅建設
時価総額順位 11/31社
【比較会社】2734 サーラC, 1840 土屋HLD, 1841 サンユー建

【株式】7/31 23,292千株
単位 100株 貸借 優待
時価総額 195億円

【財務】〈連22.6〉	百万円
総資産	7,620
自己資本	3,400
自己資本比率	44.6%
資本金	1,014
利益剰余金	1,996
有利子負債	1,800

【指標等】		〈連22.6〉
ROE	13.1%	予16.8%
ROA	5.8%	予 7.5%
調整1株益		―円
最高純益(22.6)		444
設備投資	328	予‥
減価償却	118	予‥
研究開発	‥	予‥

【キャッシュフロー】	百万円
営業CF	138(134)
投資CF	▲281(▲599)
財務CF	▲887(3,046)
現金同等物	2,293(3,324)

D

【株主】㊊7,285名〈22.6〉 万株
㈱CSホールディングス 808(34.7)
瀬口力 256(11.0)
瀬口悦子 238(10.2)
自社(自己株口) 87(3.7)
瀬口瑞恵 64(2.7)
自社従業員持株会 46(2.0)
井手尾環 40(1.7)
藤樫勇気 23(1.0)
日本カストディ信託口 18(0.8)
酒巻英雄 16(0.7)
〈外国〉0.0% 〈浮動株〉16.1%
〈投信〉0.4% 〈特定株〉69.5%

【役員】㈳瀬口力 ㈿瀬口悦子 ㈹石橋荘平 大山重敬 松村伸也* 西村信男* 前田隆* 杉山浩司* ㈿監林田貴文* ㈼古田哲朗* 永野隆*

【連結】タクエーホーム

【業績】(百万円)	売上高	営業利益	経常利益	純利益	1株益(円)	1株配(円)
単18. 6*	5,104	334	371	254	12.6	2.19
単19. 6*	6,597	532	573	391	19.3	3.13
単20. 6*	6,036	144	195	137	6.5	4.5記
連21. 6*	9,404	486	582	336	15.7	4.58
連22. 6	13,761	666	706	444	19.9	5.8
連23. 6予	17,000	900	920	570	25.6	6.4
連24. 6予	19,500	1,170	1,190	740	33.3	8
連21.7~12	6,524	289	304	183	8.1	2.8
連22.7~12予	7,000	195	200	125	5.6	3.2
会23. 6予	17,000	900	920	570	(22.8.9発表)	

【配当】	配当金(円)
21.12	1.4
22. 3	1.5
22. 6	1.5
22. 9予	1.6
22.12予	1.6
23. 3予	1.6
23. 6予	1.6
予想配当利回り	0.76%
1株純資産(円)〈連22. 6〉	152.9 (149.4)

【本社】861-0541熊本県山鹿市鍋田178-1 ☎0968-44-3559
【ショールーム】山鹿市
【従業員】〈22.6〉連302名 単275名(29.6歳)年‥万円
【証券】上東京G, 福岡Q 幹(主)岡三(副)日興 名日証代 監三優
【銀行】肥後, 熊本第一信金, 熊本, 三井住友, 三菱U
【仕入先】トーソー, パナソニックリビング九州
【販売先】個人

(『会社四季報』2022年秋号)

【株主】㊊7,285名〈22.6〉 万株
㈱CSホールディングス
808(34.7)
瀬口力 256(11.0)
瀬口悦子 238(10.2)
自社(自己株口) 87(3.7)
瀬口瑞恵 64(2.7)
自社従業員持株会 46(2.0)
井手尾環 40(1.7)
藤樫勇気 23(1.0)
日本カストディ信託口 18(0.8)
酒巻英雄 16(0.7)
〈外国〉0.0% 〈浮動株〉16.1%
〈投信〉0.4% 〈特定株〉69.5%

【役員】㈳瀬口力 ㈿瀬口悦子 ㈹石橋荘平 大山重敬 松村伸也* 西村信男* 前田隆* 杉山浩司* ㈿監林田貴文* ㈼古田哲朗* 永野隆*

【連結】タクエーホーム

(『会社四季報』2022年秋号)

社長が株式の11・0%を、社長の配偶者と推測される常務が10・2%を所有している、典型的なオーナー企業です。

コメントを見ると、今期の見出しに【増配】、中長期展望が【コラボ】とあり、ポジティブな印象を受けます。前者の欄では、「新規受注も伸び回復。エリア拡大が奏功し引き渡

し戸数が好伸。横浜の子会社の建売住宅も積極的な用地仕入れが効き増える」、後者の欄では、「無印良品など異業種とのコラボ商品は集客好調」とあります。

このようにスピーディーで思い切った策を取れるのは、経営者が会社の所有者を兼任しているからです。

○こんなキーワードが含まれている銘柄は大化けする！

ブロックAの「会社概要」、Bの「業績コメント」、Dの「株主」と、それぞれのブロックの持つ意味と読み方の概要についてご説明してきました。ご理解いただけたでしょうか？

さて、ここからはブロックAとブロックBに、どんな言葉が含まれていると大きな成長が期待できるかということについて、お話ししていきましょう。

まずは、私にとって印象深かった会社プロフィール（特色欄）の例をご紹介します。

宇野澤組鐵工所（6396）

会社プロフィール

「【特色】工業用ポンプ、送風機中堅。自社開発のドライ式真空ポンプは独占」

ここに注目！

「独占」というのはいいワードですね。独占とは競合がいないということですので、顧客は当該企業から購入するしかなく、また価格競争にもさらされないため、商品やサービスを他社よりも高く売ることができます。

表示灯（7368）

会社プロフィール

「【特色】鉄道駅や庁舎に設置された地図広告ナビタを独占展開」

ここに注目！

この会社も独占企業で、すごく面白いと思っています。地下鉄の出口を出たところにある地図をすべて独占している会社なのですが、これは言ってみれば、都心の駅などの一等地を全部押さえているということです。

この地図は、今は固定されたパネルや金属の板状のものが主流ですが、これをデジタルサイネージにして、ディスプレイを通じてさまざまな情報を発信できるようにしたら、すごいことになるのではないかと思うのです。

人の流れや時間帯によって見せる内容を変えれば、とんでもない価値が生まれると思います。私の妄想ではありますが、ぜひ実現してほしいです。

これらの例に見るように、まずは**「独占」という言葉が出てきたら要チェック**です。他にも、**「世界首位」「国内首位」「業界首位」「シェア首位」「シェア○割（特に5割以上は注目）」「シェア高い」「独自技術」など、「1位」、あるいはそれに類する意味合いの言葉**もいいですね。他社よりも優位に立っていると言えます。

○こんなワードはテンバガーの目印

第1章でご紹介したテンバガー（トヨタ自動車、ファーストリテイリング、ドン・キホーテ、ＳＴＵＤＩＯＵＳ）が、ブレイク前にどのようなコメントをつけられていたかを見ていきましょう。

トヨタ自動車（7203）

「【特需で繁忙】朝鮮の事変で特需三千三百余台約二十億円の受注があり、一方国内、海外の需要も一転旺盛となり、このところ需要に応じきれない状態である」

「【前途】環境は当社に有利に転じつつあると思われ、前途は期待される」

（『会社四季報』1950年秋号）

ファーストリテイリング（9983）

「【最高益】新店五〇（前期七八）と大量出店続く」
「【方向】（中略）商品発注権限を店舗に委譲、地域ニーズに則した品揃えを強化」

（『会社四季報』1999年新春号）

ドン・キホーテ（現・パン・パシフィック・インターナショナルホールディングス）（7532）

「【最高益】客数増効き既存店が二桁以上の伸び。新店三店も寄与」
（『会社四季報』1998年夏号）

その9カ月後の翌年春号では、次のようになっています。

「【躍進】新店八（前期三）と積極攻勢。既存店も想定上回る二桁の伸び」
「【拡大】来期横浜新店は医療機関などテナントを導入」

（『会社四季報』1999年春号）

STUDIOUS（現・TOKYO BASE）（3415）

「【原価改善】17年2月期は前期始動のTOKYO通期貢献でEC拡大。店舗は既存横ばいでも前期新店8、新規6上乗せ」

「【新規出店】セレクトは30~40代女性への特化店等により上級顧客層開拓、TOKYOは福岡パルコ出店など認知度向上に力点」

（『会社四季報』2016年春号）

いかがでしょうか。

▼四季報コメントにこんなキーワードが出てきたら要チェック！

重要キーワードリスト

(1)「1位」、あるいはそれに類する意味合いの言葉
=その会社の競合優位性が表れる

「1位」
「独占」「独自技術」
「世界首位」「国内首位」
「業界首位」「シェア首位」
「シェア○割（特に5割以上は注目）」
「シェア高い」

(2)「上昇・拡大」を意味する言葉
=その会社の成長性が表れる

「最高益」
「大量出店」
「躍進」
「拡大」
「二桁以上の伸び」

（複眼経済塾）

「最高益」「大量出店」「躍進」「拡大」「二桁以上の伸び」など、四季報コメントのポジティブなワードから、会社が発展していく様子が感じ取れたのではないでしょうか。

○有力キーワードに出合うには、絶対に人の真似をしないこと

四季報の文字情報から今後成長していく会社を見つける方法の1つは、**「出現したばかりのポジティブワードに着目する」**ことです。まだ多くの人に知られていないタイミングと

いうのが大事なのです。

そして、もう1つ大切なポイントがあります。それは**「これから芽が出そうな会社を見つけ出す」**ことです。

株式投資にも通ずる格言に「人の行く裏に道あり花の山」というものがあるのをご存じですか？　現代の日本語で言いかえると「きれいな花を求めて山に行くのなら、誰も行かない裏道を行ったほうがいい」となります。すなわち、「他人と同じ道を行く（同じ売買をする）限り、花（利益）は得にくいので、人とは逆の行動をすることが肝要だ」という意味です。

この格言、一説では「茶聖」と呼ばれた千利休が詠んだ歌の一節ではないかとも言われています。

○潜在テーマは「少数ワード」に表れる

「人の行く裏の道」という言葉は、人とは違う行動や考え方をするということを言い表しています。そうすることで、今はまだ芽が出ていないけれども、これから大きく発展していく可能性を秘めた会社を見つけることができます。

株式投資では、誰もが知るようになった時点で株価が上がってしまっています。その段階で「今、この会社が人気だから」という理由で投資しても、手遅れになることが多いのです。

多くの人に知られたテーマを「顕在テーマ」と言いますが、テーマが顕在化した時点で、株式市場においては目新しさがなくなっているわけです。

ここで、「潜在テーマ」に気づく方法をお教えしましょう。

それは、四季報で少数ワードを見つけることです。**「少数ワード＝潜在テーマの象徴」である可能性が高い**からです。

例えば、２０２２年夏～秋ごろは「インフレ」が大きな話題となっていました。ニュースを見ても「政府がガソリン代の一部を負担する」、「小麦価格を〇月まで据え置く方針を固めた」など、関連報道は今でも続いています（２０２２年10月時点）。つまり、インフレは誰もが知る「一大顕在テーマ」となっているわけですね。

では、このたびの「インフレ」が四季報に最初に登場したのはいつだと思いますか？

もうすっかり「インフレ」という言葉に耳慣れてしまい、ずっと前から言われているような気になっている方も多いと思いますが、実は割と最近で、2021年12月発行の2022年新春号でした。

いつものように四季報を発売日に購入し通読していた私は、久しぶりに見る「インフレ」という言葉にハッとしました。そこで、いつも活用している会社四季報オンラインの検索機能を使い、「インフレ」が何件出てくるかを検索してみました。

すると3~4件出たのですが、ほとんどが「メイン**フレーム**」という別の単語の文字列としての「インフレ」で、本来のインフレーションという意味での「インフレ」は、私が見つけた1件だけだったのです。典型的な少数ワードでした。

では、どうして短期間でこれほどまでの「顕在テーマ」になったのでしょうか。

私は、このたびのインフレの原因を次のように分析しています。

①各国の新型コロナウイルスによる行動制限により、調達網が分断され供給が絞られる中、巣ごもり消費などにより、需要が急拡大したこと

②経済対策として、世界的な金融緩和政策が取られたことで、世の中のお金の流通量が急増したこと

③脱炭素の大きな流れの中で化石燃料の供給が制限される中、ロシアによるウクライナ侵攻で供給網が分断され、エネルギー価格が上昇したこと

おそらく、今40代以下の方々にとっては、インフレは生まれて初めて経験する現象ではないかと思います。

日本はバブル経済の崩壊後、1990年代初頭から「失われた20年」と呼ばれる深刻な不況に陥り、その間、モノの値段が下がり続けるデフレーション（デフレ）に見舞われました。また、その影響で不良債権処理に追われ、日本経済は長期停滞のトンネルをくぐることになったのです。

ちなみに、「デフレ」という言葉が四季報に最後に登場したのは2020年夏号です。新型コロナによって生じた不況が一番厳しかった時期ですね。

まずは、簡単なメモから始めよう

「潜在テーマ」を見つけるには、「少数ワード」を手がかりにします。では、少数ワードに気づくにはどうすればいいのでしょうか。

これから四季報を読もうとしている方にぜひおすすめしたいのが、**知らなかった言葉やご自身にとって違和感のある言葉が出てきたら、それを書き留めていく**という方法です。知らなかった言葉については、すぐに調べるようにするといいでしょう。

例えば私の場合、「植物性ミルク」とか「培養肉」というのがそれに該当しました。「植物性ミルクって何だろう？」と思って調べたら、豆乳やアーモンドミルクのことを指していることがわかりました。豆乳は日本に昔からあるものですが、最近ではそれが広く受け入れられるようになったんだな、と感じました。

一方「培養肉」に対しては、ちょっと引っかかりを感じました。率直に言えば、「そういうものが出てきても、自分は食べたくならないだろうな」と思ったのです。

日本には精進料理という素晴らしい伝統食があり、植物由来の材料で、食感も味も本物の肉や魚そっくりに再現しますよね。なじみの薄い培養肉よりもそっちのほうがいいな、と反射的に思ってしまいました。

ちなみに、私は基本的に、英字3文字で略されるものにも注意するよう心掛けています。これはあくまでも私個人の感覚なので、ここで個別に名称を取り上げることはしませんが、「少し不思議な感覚」を覚えてしまうのです。

私のこの感覚が正しいか正しくないかは別として、**これから成長する会社を見抜く目を養うには、自分の中に「これは感覚に合う」「合わない」という判断基準を持つことが大切**だと思います。

例えば、ある言葉に触れて違和感を覚えたときに、その違和感が「気持ち悪さから来ているのか」あるいは「耳慣れない言葉だっただけで、気持ち悪さは感じないのか」を察知することが必要だと思うのです。

まずは自分の頭で考えてみて、「それって伸びるよな」とか「それってすごくいい！」と思える言葉を見つけていきましょう。

「自分の直感」と「他者目線」の両方を大切に

「自分の感覚を大切にする」ということと矛盾するようですが、そうは言っても株式投資には「人気投票」としての側面があります。大勢の人が「これ、いい！」と思った会社が成長し、その成果として株価が上がり、投資家に利益をもたらします。

もしも、違和感の正体が「気持ち悪さから来ているもの」だったとした場合、それがあなた個人の感覚であり、あなた以外の人は感じないものなのか、他の大勢の人にとっても気持ちが悪いと感じるものなのか、想像してみましょう。

というのも、第1章（34ページ）でもお話ししたように、私は後に大成長したドン・キホーテの初期の店舗に行ったとき、「自分の好みではないから」という理由でお客様に同社株の売却をすすめてしまったのです。ところが、不況下の日本でドン・キホーテが大受けしたのは、みなさんもよくご存じのことでしょう。

自分の感覚を養うことは大事です。でも、株式投資は人気投票でもあるので「他の人がどう評価するか」も常に意識しておく必要があるのです。

経験を積めば必ずその「さじ加減」が身につくようになっていきます。

○キーワードのつながりから「潜在テーマ」が見つかる

私は四季報を読みながら、久しぶりに見るワードや違和感を覚えたワードなど、気になるワードをノートにどんどん書き出していきます。次のページのように、ワードでいっぱいに埋まった紙面を「四季報曼茶羅（まんだら）」と名づけています。

曼茶羅とは、秘密の教義と儀礼を師資相承（ししそうしょう）（師匠の技術や教えを、弟子が代々引き継いでいくことを意味する仏教の言葉）によって伝えていく、「密教」と呼ばれる仏教の世界を描いた絵図のことです。「世界を描いた絵図」と言うからには、そこには自然はもちろん人の営みのすべて、森羅万象が描かれています。

私は株式投資の世界を森羅万象としてとらえているので、気になるワードを書き出したノートや紙が、私にとっての曼茶羅になるというわけです。

この話をすると、「スマホやパソコンを使ってもいいのですか?」と尋ねられることがあるのですが、私はあえて「手書きすること」をおすすめしています。手で書く

▼ 手書きの「四季報曼荼羅」

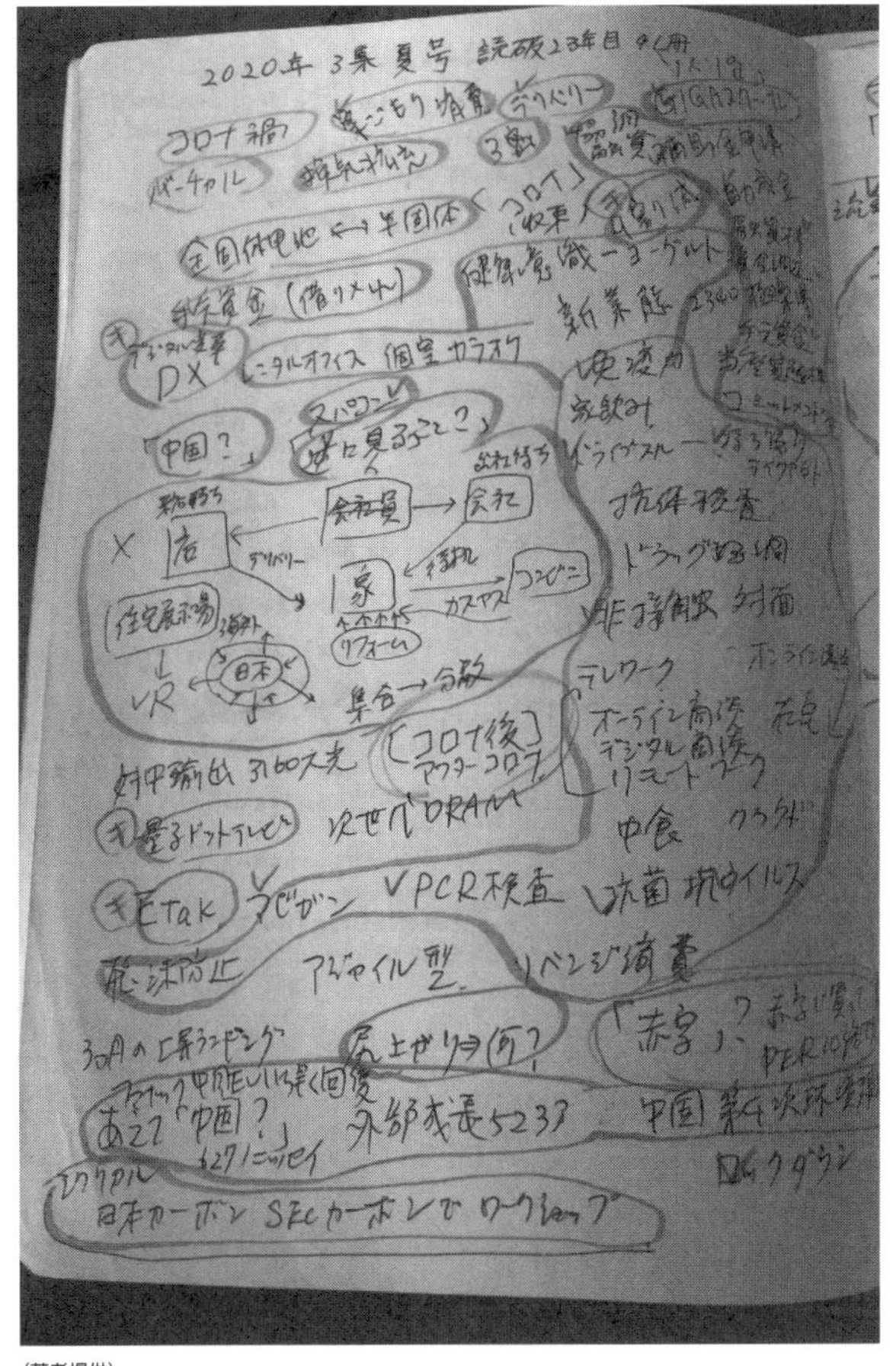

（著者提供）

ことによって、情報が脳に深く刻まれると考えているからです。また、手書きをすると、書いた内容が視覚的にも印象に残りやすいため、どこに何を書いたか、なんとなく覚えていられるように感じます。

実際に、**何かを見聞きしたとき「あれ？　これはもしかしたら曼荼羅に書いたあの言葉と結びつくんじゃないかな？」とひらめく経験**を、私は数えきれないほどしてきました。すると、曼荼羅に書いた文字を視覚的に思い出すことができ、思考を深めることができるのです。

こういったプロセスを経ることで、「潜在テーマ」に気づくことができ、これから大きく成長する会社を見つけ出す手がかりを得られます。

89ページの写真は、２０２０年夏号を読んで私が気になった言葉を書き出し、あわせてその言葉から連想したことをありのままに書いた「四季報曼荼羅」です。

この号が発売された２０２０年6月と言えば、新型コロナの影響で世の中が大きく変わった時期です。会社に行くことができなくなって家にいる時間が長くなり、自由に買い物ができなくなりました。Ａｍａｚｏｎみたいな配達サービスに多くの人が頼るようになったり、外食もできないのでＵｂｅｒ Ｅａｔｓなどでデリバリーを頼むようになったりと、人の流れが変わりました。

この時期、「家から外へ」と向かう人の流れが「外から家へ」と戻ってくるといった、逆回転の現象が起こりました。矢印で「家」「店」「会社」などの関係性を書いた図は、人の流れが変わったことを示したものです。

「四季報曼荼羅」を書いていて、私はあることに気づきました。「コンビニってもともと地元の酒屋さんだったよな」と。若い方はご存じないかもしれませんが、昔はスーパーがお酒を売ることはできませんでした。お酒の販売免許を持っていなかったからです。お酒は販売免許を持っている酒屋さんで買うものだったのです。

ところが１９８０年代に入り、日米構造協議をはじめとする規制緩和の波が来て、大手スーパーにもお酒の販売免許が与えられるようになりました。すると困ったのが酒屋です。そこに「コンビニにすれば夜でもお酒を売れるようになる」とコンビニチェーン本部が話を持ちかけたことから、「町の酒屋さん」がコンビニ化したというわけです。

さて、酒屋さんの時代、お酒は「配達してもらうもの」でした。それが時代の流れとともに、コンビニなどへ「買いに行くもの」になり、コロナ禍で再び「配達してもらうもの」に戻りました。

このような変化の中で大きく売上を伸ばした会社が、**カクヤスグループ（7686）**です。都内を中心に、酒類などを飲料店や個人に販売するチェーン「なんでも酒やカクヤス」を展開しています。

他にも、人が集まる場所を避けなければならない状況になったことで、住宅展示場のあり方も変わりました。従来の「モデルハウスのある現地に足を運んで見る」スタイルから、家からＶＲ（バーチャルリアリティ）で住宅を見学できるようになったのです。例としては、72ページで紹介した**Lib Work（1431）**がこのような試みをいち早く取り入れています。

まずは、気になるワードをどんどん書き出してみてください。すると、「これとこれが結びつくのでは？」などとワード同士の関連性に気づけるようになっていきます。

それこそが、まだ多くの人に気づかれていない「潜在テーマ」なのかもしれませんよ。

「勘ピュータ」が投資成功の鍵を握る

みなさんは「勘ピュータ」という言葉を聞いたことがありますか？

勘ピュータとは「コンピュータ」をもじった言葉で、物事を解決したり選択しなければならなくなったりした場合、勘に頼って進めていく方法のことを言います。

「あの会社は社長の勘ピュータに頼った経営をしている」などと使われることがしばしばあるので、「論理的でない」とか「古臭い」と評されることもあります。

でも、私は決してそんなふうに揶揄されるべきものではないと感じています。というのも、**これから成長していく会社を見極め、株式投資で成功するには、この勘ピュータをフル活用することが大切**だと思っているからです。

「勘ピュータ」は、いわゆる「第六感」や「虫の知らせ」と同義の言葉です。「直感」と言い換えても差し支えないでしょう。

おそらく多くの方が、何かを選択するとき「なんとなくこっちを選んだほうがいいような気がする」と感じたり、なかなか解決できない問題について、突然解決法がひらめいたりする経験をしているのではないでしょうか。

四季報の文字情報を読むのに慣れてくると、「この言葉、何か引っかかるな」と感じることがあります。そうなるとしめたもの。あなたの「勘ピュータ」の精度が上がってきている証です。

やがて四季報のページを開いたときに、特定の言葉が向こうから「見て見て！」と言わんばかりに目にとまるようになっていくでしょう。

第3章

会社四季報の達人が教える

超優良市場の見つけ方

○数値データはこの2カ所だけ見ればいい

第2章で、四季報の文字情報の読み取り方についておわかりいただけたでしょうか。会社の特色や記者のコメントなどを読み、「ここは成長しそうだな」と思う会社が見つかったら、次は本章で詳しく解説していく数値データを読む方法を身につけて、総合的に投資の対象となるかならないかを判断できるようになっていきましょう。

49・52ページでも述べましたが、四季報のマストで読むべきブロックのうち、数値データに関わるブロックはEとJでしたね。では、順番にご説明していきましょう。

○《ブロックE》その企業の健康状態はここに注目！

ブロックEは、上段から順に次のような構成になっています。

【株式】発行総数、売買単位、時価総額など
【財務】総資産、自己資本、負債など

【指標等】　ＲＯＥなどの投資指標、設備投資額などの経営指標

【キャッシュフロー】　営業ＣＦ（＝キャッシュフロー）、投資ＣＦ、財務ＣＦ、現金同等物

小さなスペースに、これら４つの大項目に関する数字がびっしりと書かれているので、ひょっとするとみなさんは読みたくない気分にさせられるかもしれません。

しかし、会社の状況を知る上でとても貴重な情報ですので、投資したい会社があるならば、その会社のブロックＥの数値データをしっかり理解できるようになりましょう。

●「時価総額３００億円以下」に着目するとテンバガーが見つかる

テンバガーを狙える成長著しい会社を見つけたいのであれば、【株式】の時価総額をチェックするようにしてください。時価総額は、「発行済み株式数×株価」で算出します。

テンバガー狙いの方に私がおすすめしているのは、「時価総額３００億円以下の中

▼ブロックEには企業の財務情報がつまっている

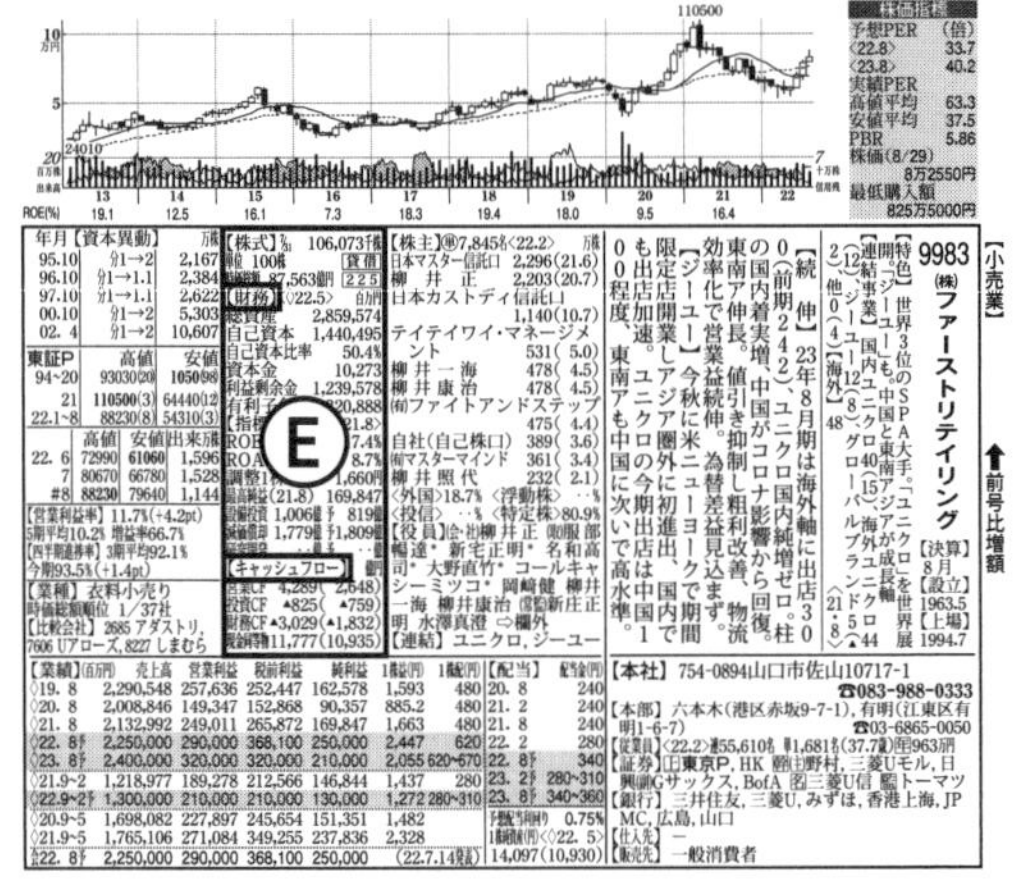

【小売業】 9983 (株)ファーストリテイリング ↑前号比増額

【決算】8月 【設立】1963.5 【上場】1994.7

【特色】世界3位のSPA大手。「ユニクロ」を世界展開。「ジーユー」も。中国と東南アジアが成長軸

【連結事業】国内ユニクロ40(15)、海外ユニクロ44(12)、ジーユー12(8)、グローバルブランド5(▲2)、他0(4)【海外】48 〈21・8〉

【続 伸】23年8月期は海外軸に出店30(前期242)、ユニクロ国内純増ゼロ。柱の国内着実増、中国がコロナ影響から回復。東南ア伸長。値引き抑制し粗利改善、物流効率化で営業益続伸。為替差益見込まず。

【ジーユー】今秋に米ニューヨークで期間限定店開業しアジア圏外に初進出、国内でも出店加速。ユニクロの今期出店は中国100程度、東南アも中国に次いで高水準。

株価指標	
予想PER	(倍)
〈22.8〉	33.7
〈23.8〉	40.2
実績PER	
高値平均	63.3
安値平均	37.5
PBR	5.86
株価(8/29)	8万2550円
最低購入額	825万5000円

ROE(%)	13	14	15	16	17	18	19	20	21	22
	19.1	12.5	16.1	7.3	18.3	19.4	18.0	9.5	16.4	

年月	【資本異動】	万株
95.10	分1→2	2,167
96.10	分1→1.1	2,384
97.10	分1→1.1	2,622
00.10	分1→2	5,303
02. 4	分1→2	10,607

東証P	高値	安値
94~20	93030(20)	1050(98)
21	110500(3)	64440(12)
22.1~8	88230(8)	54310(3)

	高値	安値	出来万株
22. 6	72990	61060	1,596
7	80670	66780	1,528
#8	88230	79640	1,144

【営業利益率】11.7%(+4.2pt) 5期平均10.2% 増益率66.7%
【四半期進捗率】3期平均92.1% 今期93.5%(+1.4pt)
【業種】衣料小売り 時価総額順位 1/37社
【比較会社】2685 アダストリア, 7606 Uアローズ, 8227 しまむら

【株式】7/31 106,073千株 単位 100株 貸借 時価総額 87,563億円 225
【財務】〈◇22.5〉 百万円 総資産 2,859,574 自己資本 1,440,495 自己資本比率 50.4% 資本金 10,273 利益剰余金 1,239,578 有利子負債 320,888
【指標等】〈◇21.8〉 ROE 予17.4% ROA 予8.7% 調整1株益 1,660円 最高純益(21.8) 169,847 設備投資 1,006億 予 819億 減価償却 1,779億 予1,809億 研究開発 ‥億 予 ‥億
【キャッシュフロー】億円 営業CF 4,289(2,648) 投資CF ▲825(▲759) 財務CF ▲3,029(▲1,832) 現金同等物 11,777(10,935)

【株主】㊥7,845名〈22.2〉 万株
日本マスター信託口 2,296(21.6)
柳井 正 2,203(20.7)
日本カストディ信託口 1,140(10.7)
テイテイワイ・マネージメント 531(5.0)
柳井一海 478(4.5)
柳井康治 478(4.5)
(有)ファイトアンドステップ 475(4.4)
自社(自己株口) 389(3.6)
(有)マスターマインド 361(3.4)
柳井照代 232(2.1)
〈外国〉18.7% 〈浮動株〉‥% 〈投信〉‥% 〈特定株〉80.9%
【役員】(会・社)柳井 正 (取)服部暢達・新宅正明・名和高司・大野直竹・コールキャシーミツコ・岡﨑健 柳井一海 柳井康治 (常監)新庄正明 水澤真澄 ⇨欄外
【連結】ユニクロ, ジーユー

【業績】(百万円)	売上高	営業利益	税前利益	純利益	1株益(円)	1株配(円)
◇19. 8	2,290,548	257,636	252,447	162,578	1,593	480
◇20. 8	2,008,846	149,347	152,868	90,357	885.2	480
◇21. 8	2,132,992	249,011	265,872	169,847	1,663	480
◇22. 8予	2,250,000	290,000	368,100	250,000	2,447	620
◇23. 8予	2,400,000	320,000	320,000	210,000	2,055	620~670
◇21.9~2	1,218,977	189,278	212,566	146,844	1,437	280
◇22.9~2予	1,300,000	210,000	210,000	130,000	1,272	280~310
◇20.9~5	1,698,082	227,897	245,654	151,351	1,482	
◇21.9~5	1,765,106	271,084	349,255	237,836	2,328	
会22. 8予	2,250,000	290,000	368,100	250,000	(22.7.14発表)	

【配当】	配当金(円)
20. 8	240
21. 2	240
21. 8	240
22. 2	280
22. 8予	340
23. 2予	280~310
23. 8予	340~360
予想配当利回り	0.75%
1株純資産(円)〈◇22. 5〉	14,097(10,930)

【本社】754-0894山口市佐山10717-1 ☎083-988-0333
【本部】六本木(港区赤坂9-7-1), 有明(江東区有明1-6-7) ☎03-6865-0050
【従業員】〈22.2〉連55,610名 単1,681名(37.7歳)年963万円
【証券】上東京P, HK 幹(主)野村, 三菱Uモル, 日興, GSサックス, BofA 名三菱U信 監トーマツ
【銀行】三井住友, 三菱U, みずほ, 香港上海, JPMC, 広島, 山口
【仕入先】—
【販売先】一般消費者

(『会社四季報』2022年秋号)

【株式】7/31	106,073千株
単位 100株	貸借
時価総額 87,563億円	225
【財務】〈◇22.5〉	百万円
総資産	2,859,574
自己資本	1,440,495
自己資本比率	50.4%
資本金	10,273
利益剰余金	1,239,578
有利子負債	320,888
【指標等】	〈◇21.8〉
ROE	16.4% 予17.4%
ROA	6.8% 予 8.7%
調整1株益	1,660円
最高純益(21.8)	169,847
設備投資	1,006億 予 819億
減価償却	1,779億 予1,809億
研究開発	‥億 予 ‥億
【キャッシュフロー】	億円
営業CF	4,289(2,648)
投資CF	▲825(▲759)
財務CF	▲3,029(▲1,832)
現金同等物	11,777(10,935)

(『会社四季報』2022年秋号)

小型株」です。それは、時価総額が大きくない分、会社の「伸びしろ」が大きいと考えているからです。

さて、ブロックEを攻略するには、上から2つ目の大項目【財務】と4つ目（最後）の大項目【キャッシュフロー】の意味を理解することが大切です。順に、ご説明していきましょう。

【財務】

四季報の【財務】はバランスシート（＝貸借対照表／ＢＳ）のことで、その会社が持っている全財産の目録です。会社によってその規模感は大きく異なります。

桁数の多い数字は「3桁区切り」でまるわかり！

例えば、33ページや77ページでも例に挙げたファーストリテイリングの場合、総資産の額は2，859，574百万円で、これを読み下すと2兆8595億7400万円となります。トヨタ自動車だと71，935，191百万円と1つ桁が多くなり、71兆9351億9100万円となります。

ところで、みなさんは四季報のこの欄を見て、すぐに数字が読めましたか？　数字を3桁ずつつくくるこの表記法は「千進法」と言いますが、これを読みづらく感じる人は少なくないでしょう。というのも、日本人にとってなじみ深いのは4桁ずつつくくっ

▼千進法は「3桁区切り」で簡単に読める

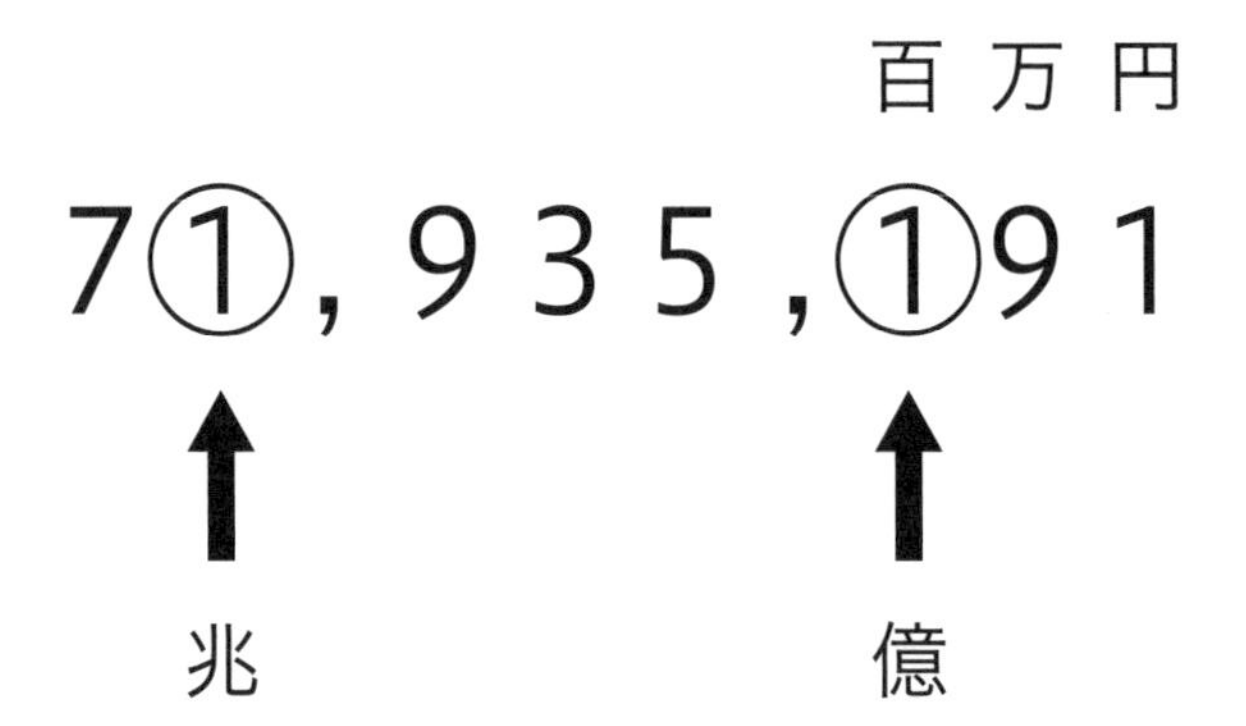

ていく表記法だからです。

しかし、国際的には千進法が主流で、決算書ではこの表記法が採られています。ぜひ四季報を通じて、千進法に慣れるようにしてください。慣れれば数字を見た瞬間に、その会社の総資産が兆単位なのかあるいは億単位なのか、規模感をイメージできるようになっていきます。

企業の会計では、百万円を最低単位として表記します。

上の図のように、**下3桁目で最初のカンマの右が「億」、2つ目のカンマの左が「兆」の位を表す**と覚えておくといいでしょう。

このルールさえ覚えておけば、

総資産　２，８５９，５７４（百万円）

などと出てきたとき、すぐに「２兆８０００億円台」と認識することができます。数値の規模感を知ることが目的なので、数字を見た瞬間、上２桁がどの単位を表しているのかわかればＯＫです。

四季報で興味のある会社の【財務】欄を３～４つ見て、声に出して読んでみてください。すぐに、千進法に慣れることができるでしょう。

バランスシートは財務状況の健康診断書

会社の財政状況を表すバランスシートは、決算書の一種です。

実際のバランスシートには、「資産の部」「負債の部」「純資産の部」の３パートそれぞれに細かい項目があります。

一方で、四季報に掲載されているバランスシートには、バランスシート内に記載された必要最低限の重要な数字が取り上げられています。

まずは「自己資本比率」を見る

四季報の【財務】欄には、総資産、自己資本、自己資本比率……と数字が並んでいます。このうち**最も重要なのは自己資本比率**です。

その理由について述べる前に、バランスシートの考え方についてご説明しておきましょう。次ページ上のような図を見たことはありませんか？ 先ほどご紹介した、決算書の一種であるバランスシートは数字の羅列になっています。

バランスシートでは右側にお金の調達手段、左側にお金の運用手段が書かれています。具体的には、右側下段に自分のお金と、これまで稼いだ累計金額が「純資産」と

▼「貸借対照表」の基本構造

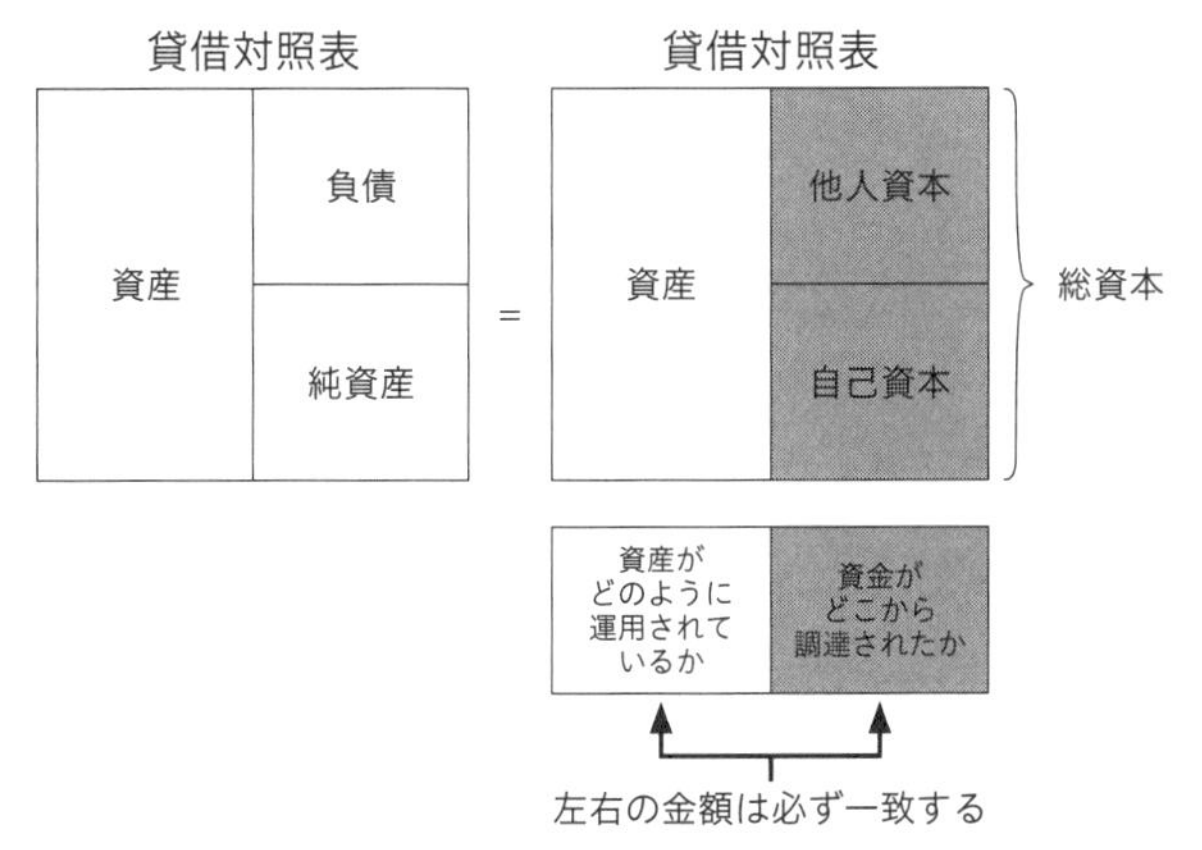

（複眼経済塾）

▼100万円の車の事例で考える「貸借対照表」の仕組み

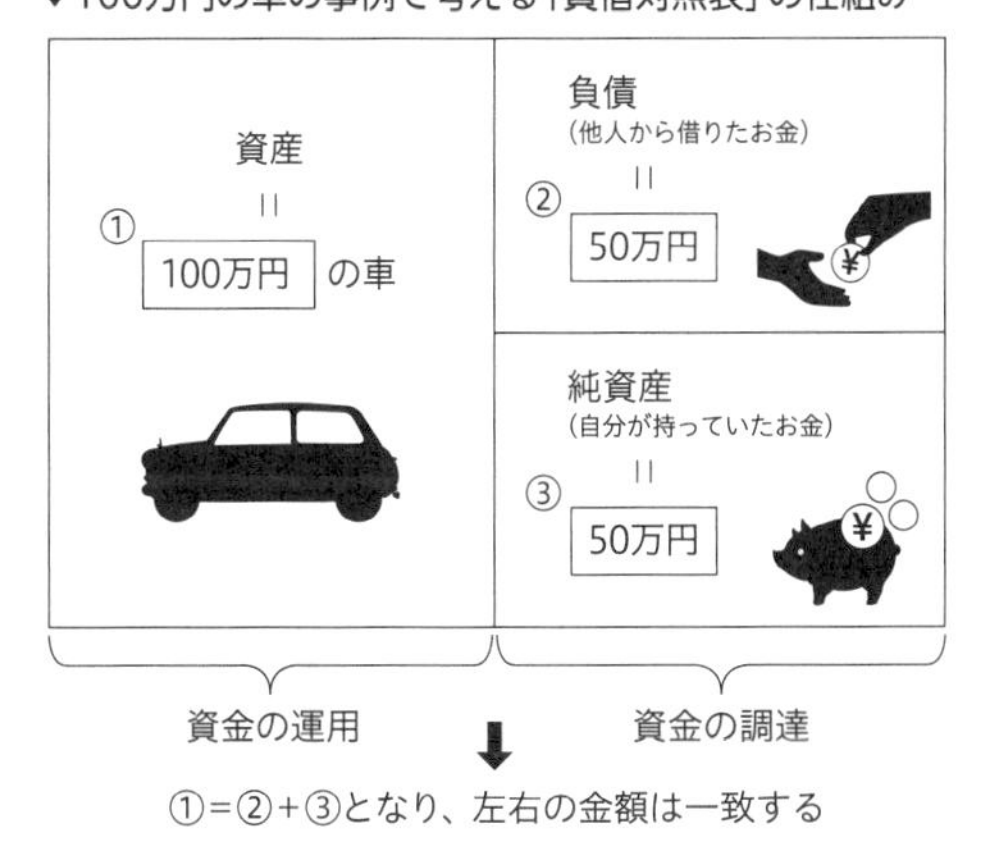

（複眼経済塾）

して書かれ、右側上段に他人から借りたお金などの「負債（借入金）」が書かれます。

一方、左側には会社のお金がどうように使われているか（運用されているか）が「資産」の中にまとめて書かれます。右側（負債＋純資産）はそのお金の出どころ、左側（資産）はお金の使われ方なので、右側と左側の金額は必ず一致する仕組みになっています。

大事なポイントなので、イメージしやすい例を挙げてご説明しましょう。

あなたが１００万円の車を買ったと仮定しましょう。車を買うことが目的ですが、その目的を達成するためには手段であるお金が必要ですので、お金を調達するところから考えます。

あなたが自分で持っていたお金が50万円あったとすると、これは右下の「純資産」に計上されます。

しかしまだ50万円足りないので、他から50万円借りてくると、これは右上の「負債」に計上されます。

これだけで、自分のお金50万円と人から借りたお金50万円、合わせて１００万円を

▼【財務】欄で企業の経済的な体力がわかる
（事例：ファーストリテイリング）

【財務】〈◇22.5〉	百万円
総資産	2,859,574
自己資本	1,440,495
自己資本比率	50.4%
資本金	10,273
利益剰余金	1,239,578
有利子負債	320,888

（『会社四季報』2022年秋号）

手にしたことがわかります。

その100万円を車の購入資金に充てると、100万円というお金が車という手段で運用されていると考えますので、左側の「資産」に車100万円と計上されます。100万円に対して自分のお金を50万円充てたので、自己資本比率は50%ということになります。

これと同じことを言っているのが、【財務】欄の「総資産」「自己資本」「自己資本比率」なのです。

ファーストリテイリングの【財務】

欄の数字を使って計算してみると、

自己資本の額　1，440，495百万円　÷　総資産の額　2，859，574百万円　×　100　≒　50・4

と、自己資本比率として記載されている「50・4％」という数字になります。

健全な企業は「自己資本比率」が30〜70％

自己資本は、会社が自分で作った資本です。自己資本以外の資金は負債です。となると、**自己資本の金額が大きく、総資産に占める自己資本比率が高ければ高いほど、会社としての健全性が高い**という理屈が成り立ちます。

これは、個人の経済的健全性と同じです。借金が多ければ多いほど、「経済的に心配な人」というイメージを抱きますし、借金が少なければ少ないほど「経済的に安心な人」と判断しますよね。それと似た理屈です。

▼自己資本比率と企業の健全性の相関関係

自己資本比率	企業の健全性
70% 以上	◎
50 ～ 70% 未満	○
30 ～ 50% 未満	△
30% 未満	×

（複眼経済塾）

では、実際の数字としてはどれくらいが、不安か安心かを決める目安になるのでしょうか。

複眼経済塾では50±20%、すなわち30%から70%と言っています。これには理由があります。現在のところ、全上場会社の自己資本比率の単純平均はおよそ52%です。統計学では平均を中心とした上下の散らばり具合を標準偏差と言うのですが、それがおよそ20%だからです。

52%を中心に上下それぞれ20%とすると、50±20になるというわけです。確率的に言っても、30~70%の中に約7割が入ります。

基本的には30％より上であればいいでしょう。ただし安全性を高めたいのであれば、50％以上を目安にするといいのではないでしょうか。

財務三表は、企業のお金の成績表

ここで簡単に、企業会計において重要な役割を果たしている「財務三表」についてご説明しておくことにしましょう。

会社は納税のため、そして融資先の金融機関や取引先、株主などの利害関係者に対して、一定期間の経営成績や財務状態等を明らかにするために、複式簿記に基づいて財務に関する書類を作成することが義務づけられています。これらの書類は、「決算書」と呼ばれたり「財務諸表」と呼ばれたりします。

先ほどご紹介した「バランスシート（BS）」の他、「損益計算書（PL）」、「キャッシュフロー計算書（CF）」が財務諸表の中でも特に重要視され、「財務三表」と呼ばれています。

【キャッシュフロー】

2番目に要チェック！
お金の流れがつかめる「キャッシュフロー」

自己資本比率の次にチェックすべきなのが、キャッシュフロー（CF）です。

四季報のキャッシュフローは、その会社の実際のお金の流れ、すなわちお金のやり繰りを表したものです。

会社にお金が入ってくるとプラスCF、逆にお金が出ていくとマイナスCFとなります。キャッシュフローには、実際にお金の移動があったときに計上されるという特徴があります。

▼ キャッシュフローには３種類ある
（事例：ファーストリテイリング）

【キャッシュフロー】		億円
営業CF	4,289	（2,648）
投資CF	▲825	（▲759）
財務CF	▲3,029	（▲1,832）
現金同等物	11,777	（10,935）

（『会社四季報』2022年秋号）

《例》

・ビジネス用バッグを15，000円で買った＝お金が出た……マイナスCF
・銀行からお金を借りた＝お金が入った……プラスCF
・クレジットカードで使った10万円が、来月引き落とされる＝お金の移動なし……CFなし

これは、会社の経済活動とお金の出入りにはズレがある、ということを意味しています。

なぜなら会社の取引では、売掛金

や買掛金などによって、即時にお金が動くわけではないからです。

キャッシュフローは、営業活動によるキャッシュフロー（営業ＣＦ）、投資活動によるキャッシュフロー（投資ＣＦ）、財務活動によるキャッシュフロー（財務ＣＦ）の３種類に分けられ、四季報にはそれぞれの合計額が記載されています。

それぞれのＣＦのすぐ隣の数字が前期本決算時、（　）内の数字は前々期本決算時の数字となります。

ファーストリテイリングの例では、「営業ＣＦ　４，２８９」が前期の額、（　）内の２，６４８が前々期の額になります。

「営業キャッシュフロー」でメイン事業の「稼ぐ力」を確認

四季報に掲載された３つのＣＦのうち、営業ＣＦではその会社の本業において、１会計期間（１年間）で実際にお金が稼げているのか否かを見ることができます。

営業ＣＦがプラスになっていれば、本業がうまくいって会社にお金が入ってきたことを、逆にマイナスになっていれば本業がうまくいかず、会社から現金がなくなったことを表します。

営業ＣＦがプラスの場合、会社として健全な営業ができているということなので、複眼経済塾では営業ＣＦを「生命維持装置」と呼んでいます。つまり、企業の継続性を見るために、この営業ＣＦを見ましょうということです。

「フリーキャッシュフロー」でビジネスの安全性を確認

もう1つ、**事業の健全性を知る手がかりになるのが「フリーキャッシュフロー」**です。

フリーキャッシュフローは四季報には記載されていませんが、簡単に計算することができます。

その計算式は、

営業ＣＦ＋投資ＣＦ

となります。

投資ＣＦは、四季報上では営業ＣＦの真下に掲載されています。その会社で設備投資や資金回収、土地などの購入や売却といった資金の出入りがある中で、１年間のすべての出入りを足して、結果として最終的にお金の出入りはどうなったのかを示すものです。

会社は基本的に、次の成長を目指して常に投資をし続ける必要があります。投資したお金が出ていくので、投資ＣＦはマイナスの状態になりますが、これはむしろ健全ということができます。１１０ページでも例に挙げたファーストリテイリングの場合、「▲８２５」なので健全と言えます。

「営業ＣＦ＋投資ＣＦ」の式が意味するのは、「本業で稼いだお金を投資に回したとき、お金が残るのか、残らないのか」ということです。通常、営業ＣＦはプラス、投資ＣＦはマイナスなので、営業ＣＦから投資ＣＦの額を引くことになります。

このとき算出された額が黒字であるべき、というのが判断基準です。

では、ファーストリテイリングの数字を入れて計算してみましょう。

営業キャッシュフローの額　4289億円　＋　投資キャッシュフローの額▲825億円　＝　3464億円

ちゃんと3464億円残ることがわかりましたね。

○《ブロックJ》損益計算書の重要ポイントがわかる

ブロックJの【業績】には、財務三表のうち損益計算書（PL）を要約したものが記載されています。

損益計算書には、一定期間の収益・費用・利益が記載されるため、これを見ることでその会社が「売上がどれだけ上がったか」「費用を何に使ったか」「利益をどれくらい出すことができたか」を知ることができます。

損益計算書は、簡単に言えば「1年間の成績」です。

ブロックJでは、縦軸に決算の時期を、横軸に売上高・利益等を取っており、時系列にしたがって各項目の数字（金額）がどう推移しているのかを見ることができます。

５つ程度ある決算期（縦軸）のうち、予想の「予」がついたところに注目します。「予」がついた2行のうち、上の行が「今期」予想、その1行上が「前期」実績、今期予想の1行下の「予」が「来期」予想を意味しています。上から順に、「前期」「今期」「来期」と並んでいると考えれば、わかりやすいですよね。

１１７ページのファーストリテイリングの例に即して言えば、「◇21・8」は２０２１年8月の前期本決算のデータですが、「◇22・8予」と「◇23・8予」は、それぞれ四季報編集部による今期「２０２２年8月末」と来期「２０２３年8月末」の本決算のデータを予想したものです。

《例》
◇21・8　＝　２０２０年9月～２０２１年8月
◇22・8予　＝　２０２１年9月～２０２２年8月

ファーストリテイリングのそれぞれの期の頭には「◇」の印が付されていますが、

これは会計方式を表しています。

会計方式には5種類あるので、そのうちのどれに該当するのか、ここを見ることでわかる仕組みになっています。詳しい説明は割愛しますので、知りたい方は四季報に掲載されている「会社四季報の見方・使い方」（四季報20ページ以降）で確認してください。

なお、一番下の行にその会社が出している今期決算の予想数値が記載されています。

売上高：会社の成長性がわかる

では、売上高の構造をご説明していきましょう。次ページの図をご覧ください。

【業績】のトップに来る項目が「売上高」です。運用の世界では最初に位置していることから、売上高を「トップライン」と呼びます。

売上高は、会社の商品であるモノやサービスが売れた金額の合計で、仕入れ金額や人件費などのコストが差し引かれる前の数字です。

▼ブロックJに業績情報がまとまっている

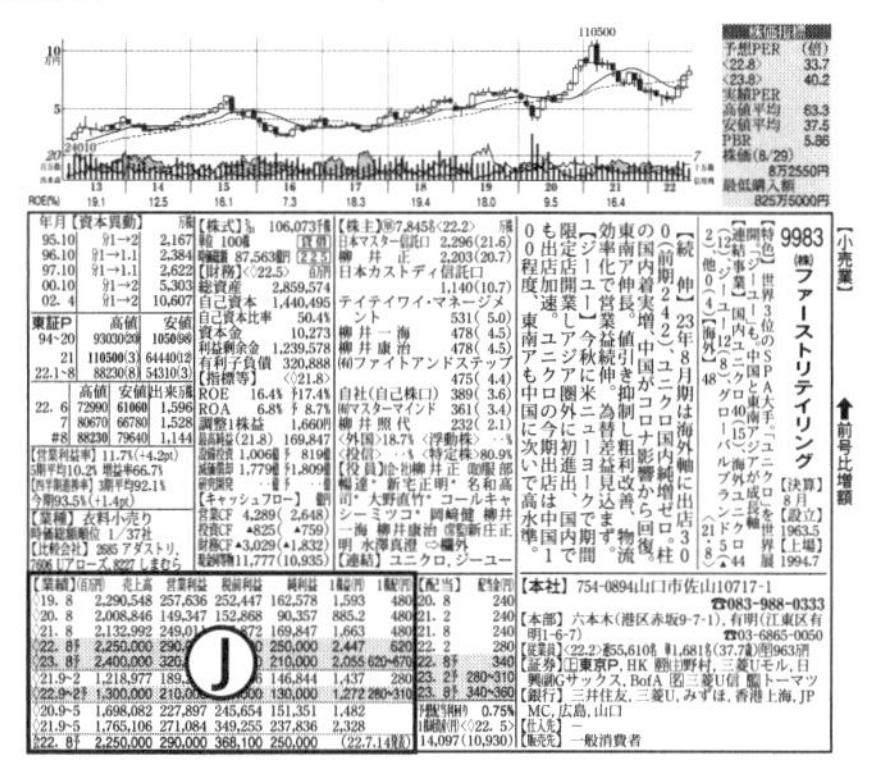

9983 (株)ファーストリテイリング 【小売業】 【決算】8月 【設立】1963.5 【上場】1994.7

【特色】世界3位のSPA大手。『ユニクロ』を世界展開。『ジーユー』も。中国と東南アジアが成長軸

【連結事業】国内ユニクロ40(15)、海外ユニクロ44(12)、ジーユー12(8)、グローバルブランド5(▲2)、他0(4)【海外】48〈21・8〉

【続 伸】23年8月期は海外軸に出店300(前期242)、ユニクロ国内純増ゼロ。柱の国内着実増、中国がコロナ影響から回復。東南ア伸長。値引き抑制し粗利改善、物流効率化で営業益続伸。為替差益見込まず。

【ジーユー】今秋に米ニューヨークで期間限定店開業しアジア圏外に初進出、国内でも出店加速。ユニクロの今期出店は中国100程度、東南アも中国に次いで高水準。

【本社】754-0894山口市佐山10717-1 ☎083-988-0333

【本部】六本木(港区赤坂9-7-1)、有明(江東区有明1-6-7) ☎03-6865-0050

【従業員】〈22.2〉連55,610名 単1,681名(37.7歳)年963万円

【証券】上東京P、HK 幹(主)野村、三菱Uモル、日興、GSサックス、BofA 名三菱U信 監トーマツ

【銀行】三井住友、三菱U、みずほ、香港上海、JPMC、広島、山口

【仕入先】ー

【販売先】一般消費者

【株主】7,845名〈22.2〉 万株
日本マスター信託口 2,296(21.6)
柳井正 2,203(20.7)
日本カストディ信託口 1,140(10.7)
テイテイワイ・マネージメント 531(5.0)
柳井一海 478(4.5)
柳井康治 478(4.5)
(有)ファイトアンドステップ 475(4.4)
自社(自己株口) 389(3.6)
(有)マスターマインド 361(3.4)
柳井照代 232(2.1)
〈外国〉18.7% 〈浮動株〉‥% 〈投信〉‥% 〈特定株〉80.9%

【役員】(会・社)柳井正 (取)服部暢達・新宅正明・名和高司・大野直竹・コールキャシーミツコ・岡崎健 柳井一海 柳井康治 (監)新庄正明 水澤真澄 ⇨欄外

【連結】ユニクロ、ジーユー

【株式】106,073千株 単位 100株 貸借 時価総額 87,563億円 225

【財務】〈◇22.5〉 百万円
総資産 2,859,574
自己資本 1,440,495
自己資本比率 50.4%
資本金 10,273
利益剰余金 1,239,578
有利子負債 320,888

【指標等】〈◇21.8〉
ROE 16.4% 予17.4%
ROA 6.8% 予8.7%
調整1株益 1,660円
最高純益(21.8) 169,847
設備投資 1,006億 予819億
減価償却 1,779億 予1,809億
研究開発 ‥億 予‥億

【キャッシュフロー】億円
営業CF 4,289(2,648)
投資CF ▲825(▲759)
財務CF ▲3,029(▲1,832)
現金同等物 11,777(10,935)

【資本異動】
年月	【資本異動】	万株
95.10	分1→2	2,167
96.10	分1→1.1	2,384
97.10	分1→1.1	2,622
00.10	分1→2	5,303
02. 4	分1→2	10,607

東証P	高値	安値
94~20	93030(20)	1050(98)
21	110500(3)	64440(12)
22.1~8	88230(8)	54310(3)

	高値	安値	出来万株
22. 6	72990	61060	1,596
7	80670	66780	1,528
#8	88230	79640	1,144

【営業利益率】11.7%(+4.2pt) 5期平均10.2% 増益率66.7%
【四半期進捗率】3期平均92.1% 今期93.5%(+1.4pt)

【業種】衣料小売り 時価総額順位 1/37社
【比較会社】2685 アダストリア、7606 ユナイテッドアローズ、8227 しまむら

【配当】 配当金(円)
20. 8	240
21. 2	240
21. 8	240
22. 2	280
22. 8予	340
23. 2予	280~310
23. 8予	340~360

予想配当利回り 0.75%

株価指標：予想PER(倍)〈22.8〉33.7 〈23.8〉40.2 実績PER 高値平均 63.3 安値平均 37.5 PBR 5.86 株価(8/29) 8万2550円 最低購入額 825万5000円

【業績】(百万円)	売上高	営業利益	税前利益	純利益	1株益(円)	1株配(円)
◇19. 8	2,290,548	257,636	252,447	162,578	1,593	480
◇20. 8	2,008,846	149,347	152,868	90,357	885.2	480
◇21. 8	2,132,992	249,011	265,872	169,847	1,663	480
◇22. 8予	2,250,000	290,000	368,100	250,000	2,447	620
◇23. 8予	2,400,000	320,000	320,000	210,000	2,055	620~670
◇21.9~2	1,218,977	189,278	212,566	146,844	1,437	280
◇22.9~2予	1,300,000	210,000	210,000	130,000	1,272	280~310
◇20.9~5	1,698,082	227,897	245,654	151,351	1,482	
◇21.9~5	1,765,106	271,084	349,255	237,836	2,328	
会22. 8予	2,250,000	290,000	368,100	250,000	(22.7.14発表)	

(『会社四季報』2022年秋号)

▼四季報の【業績】欄には、前期・今期・来期のデータがつまっている（事例：ファーストリテイリング）

前期
四季報編集部予想：今期、来期
会社予想

【業績】(百万円)	売上高	営業利益	税前利益	純利益	1株益(円)	1株配(円)
◇19. 8	2,290,548	257,636	252,447	162,578	1,593	480
◇20. 8	2,008,846	149,347	152,868	90,357	885.2	480
◇21. 8	2,132,992	249,011	265,872	169,847	1,663	480
◇22. 8予	2,250,000	290,000	368,100	250,000	2,447	620
◇23. 8予	2,400,000	320,000	320,000	210,000	2,055	620~670
◇21.9~2	1,218,977	189,278	212,566	146,844	1,437	280
◇22.9~2予	1,300,000	210,000	210,000	130,000	1,272	280~310
◇20.9~5	1,698,082	227,897	245,654	151,351	1,482	
◇21.9~5	1,765,106	271,084	349,255	237,836	2,328	
会22. 8予	2,250,000	290,000	368,100	250,000	(22.7.14発表)	

(『会社四季報』2022年秋号)

▼売上高と利益の構造

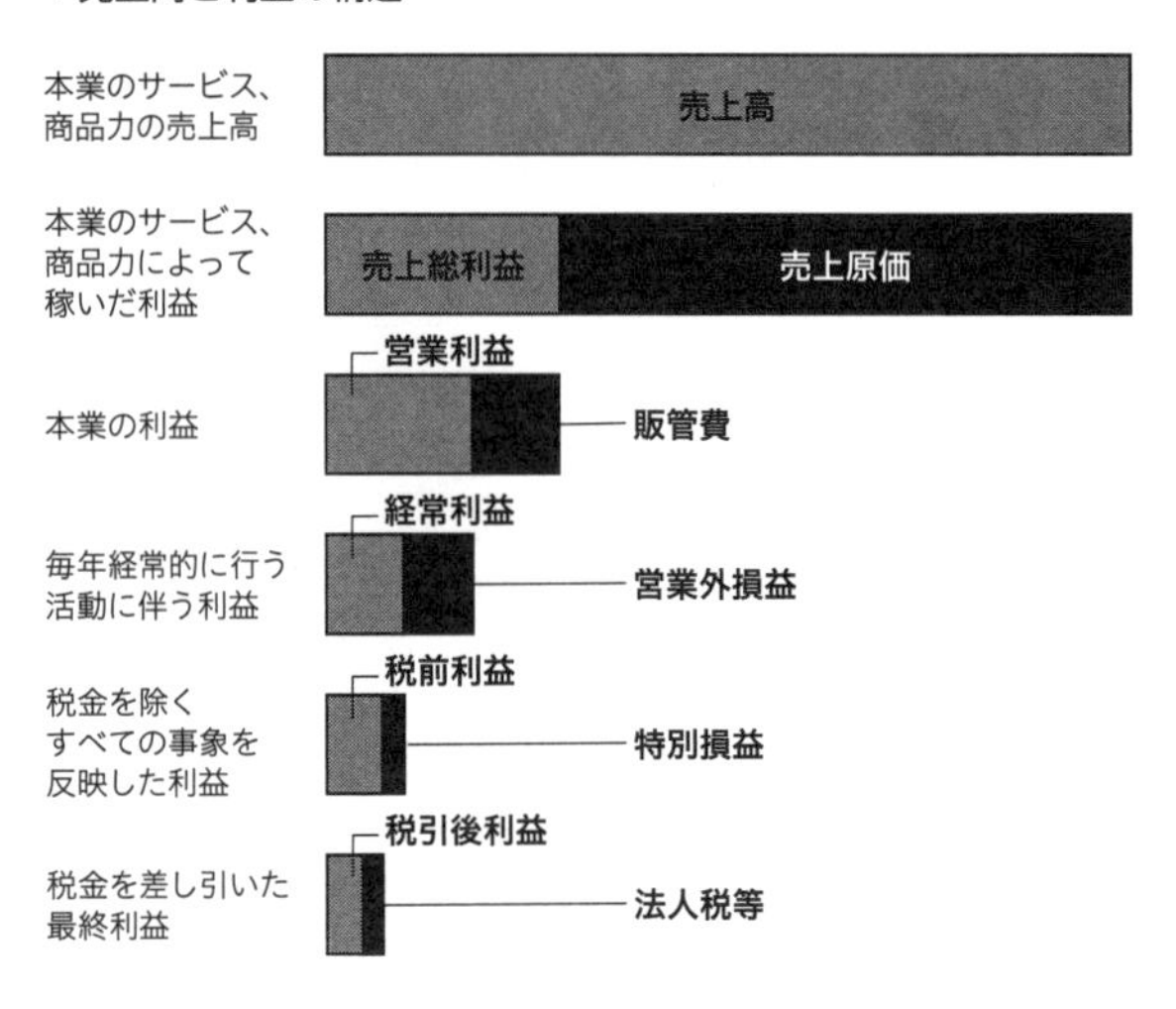

つまり、何も足しも引かれもしていない数字なので、ここを縦に見ていくことで前期から今期、今期から来期へとどういう伸び方をしているか、会社の成長性を見ることができます。

テンバガーを見つけるためには、前期から今期への売上高の伸び率（増収率）、および今期から来期への増収率（予想）がどれくらいかをチェックして、成長性を見るようにしましょう。増収率は四季報には掲載されていないので、自分で計算する必要があります。

増収率は、

｛（今期の数字 ÷ 前期の数字）－ 1｝× 100（%）

で計算することができます。

試しに、ファーストリテイリングの例で計算してみましょう。

｛（2,250,000 ÷ 2,132,992）－ 1｝× 100 ≒ 5・5%

となり、増収率5・5%ということがわかりました。

テンバガーを狙う場合の目安は、前期から今期の増収率20%以上、今期から来期の増収率（予想）を15%以上とするとよいでしょう。

売上総利益（粗利）：会社の儲けがわかる

四季報には記載されていませんが、会社の儲けを理解する上で欠かせないのが売上総利益です。

売上総利益、通称「粗利（あらり）」は、売上高から売上原価を引いたものです。

当然のことながら、売上原価が低ければ低いほど、会社の粗利は大きくなります。裏を返せば、消費者にとって「原価が安いのにそれなりの価格なので買い手が損をする商品」ほど、会社にとっては儲けが大きくなるということです。

私がよくネタにしているのは、回転寿司の粗利です。回転寿司で一番粗利が高い（＝原価が安い）のは何だと思いますか？

一般的には、たまごと言われています。１００円寿司の場合、たまごの粗利はなんと90円だそうです。つまり、私たちは回転寿司でたまごを頼んだとき、原価は10円なのに、他のネタと同じく１００円を支払っているわけです。

逆に、一番粗利が低い（＝原価が高い）のはウニと言われています。ウニのお寿司の価格が100円と仮定した場合、原価は90円なのだとか。つまり、お店から見たら10円しか儲からないということです。大食いチャンピオンみたいにたくさん食べる人が来て、ウニのお寿司を大量に注文したら、そのお店は破産してしまうでしょう。

お店の立場からすると、たまごを好む小さなお子さんにたくさん来てもらいたくなることがご想像いただけるのではないでしょうか。回転寿司が子ども向けのメニューをたくさん用意するのは、粗利の高い（＝原価が安い）お寿司をたくさん食べる家族連れを呼び込みたいからなのです。

営業利益：会社の業績がわかる

売上総利益（粗利）から、広告宣伝費と人件費を差し引いたものが営業利益です。つまり、営業利益とは、事業を運営する上で最低限のコストを引いた利益とも言えるものです。そのため、会社の業績を見る上で重要な数字となっています。

もちろん、営業利益は次第に増えていくのが望ましいのですが、ただ金額が増えればいいというものではありません。営業利益が伸びていて、一見すると順調に業績がアップしているように思われても、それ以上に経費が増えていることもあるからです。そのため、売上高に対して営業利益の比率がどれくらいなのかを表す「営業利益率」の数値を確認することが必要になります。

営業利益率が示すのは、利益を残す力、すなわち「稼ぐ力」です。

営業利益率の算出方法は次の通りです。

営業利益 ÷ 売上高 × １００

では、次ページに載せたファーストリテイリングの２０２２年８月決算の予想データを使って計算してみましょう。

営業利益（Ａ ２９０，０００）÷ 売上高（Ｂ ２，２５０，０００）× １００ ≒ １２．９

▼営業利益率の計算方法
（事例：ファーストリテイリング）

【業績】(百万円)	売上高	営業利益	税前利益	純利益	1株益(円)	1株配(円)
◊19. 8	2,290,548	257,636	252,447	162,578	1,593	480
◊20. 8	2,008,846	149,347	152,868	90,357	885.2	480
◊21. 8	2,132,992	249,011	265,872	169,847	1,663	480
◊22. 8予	2,250,000	290,000	368,100	250,000	2,447	620
◊23. 8予	2,400,000	320,000	320,000	210,000	2,055	620~670
◊21.9~2	1,218,977	189,278	212,566	146,844	1,437	280
◊22.9~2予	1,300,000	210,000	210,000	130,000	1,272	280~310
◊20.9~5	1,698,082	227,897	245,654	151,351	1,482	
◊21.9~5	1,765,106	271,084	349,255	237,836	2,328	
会22. 8予	2,250,000	290,000	368,100	250,000	(22.7.14発表)	

Ⓐ÷Ⓑ×100≒12.9

（『会社四季報』2022年秋号）

およそ13％ということがわかりました。

難しい計算ではないので、ご自身でもぜひやってみてください。何回かやっているうちに、「これは○％くらいかな？」と「あたり」がつけられるようになっていくことでしょう。

四季報100冊を読破した私自身は、今や「売上高」と「営業利益」を見比べた瞬間、頭の中で「○％」と変換できるようになりました。

○優良企業の営業利益率、目安は「10％」

私は、営業利益率が10％以上の会社を優良企業と呼んでいます。**全上場企業の営業利益率の平均は7％程度なので、10％あれば「極めて高い」**と言えるでしょう。

ファーストリテイリングの営業利益率約13％はさすがですが、上場企業の中には営業利益率50％以上を誇る驚異の会社があります。それは**キーエンス（6861）**という会社で、2022年3月の決算データをもとに計算すると、

418，045 ÷ 755，174 × 100 ≒ 55・4

となり、営業利益率約55％と判明しました。

社員の平均年齢は36・1歳、平均年収は2182万円と、メーカーで最高水準となっています。

■経常利益と税前利益

経常利益は、営業利益に営業外収支（営業外収益と営業外費用）を加算したり減算したりして算出したものです。営業外収益には受取利息、営業外費用には支払利息などが挙げられます。

経常利益にはあまり意味がない、という言われ方をされることも多いのですが、総合商社に限っては大きな意味を持っています。

というのも、総合商社というのは基本的に投資会社なので、幅広くいろんな会社に投資していて、それぞれの会社の利益から配当が上がってきます。その金額は本業で稼いだ金額に大きくプラスされるため、経常利益が大きくなることが多いからです。

なお、経常利益が会社の経常的な事業活動によって得られた収益であるのに対し、その期にだけイレギュラーで発生した利益を「特別利益」、反対に臨時的な損失を「特別損失（▲）」と言います。

経常利益　＋（特別損失（▲）＋　特別利益）

という式で算出されるのが、四季報のブロックJで営業利益の次に出てくる「税前

▼総合商社は経常利益が重要

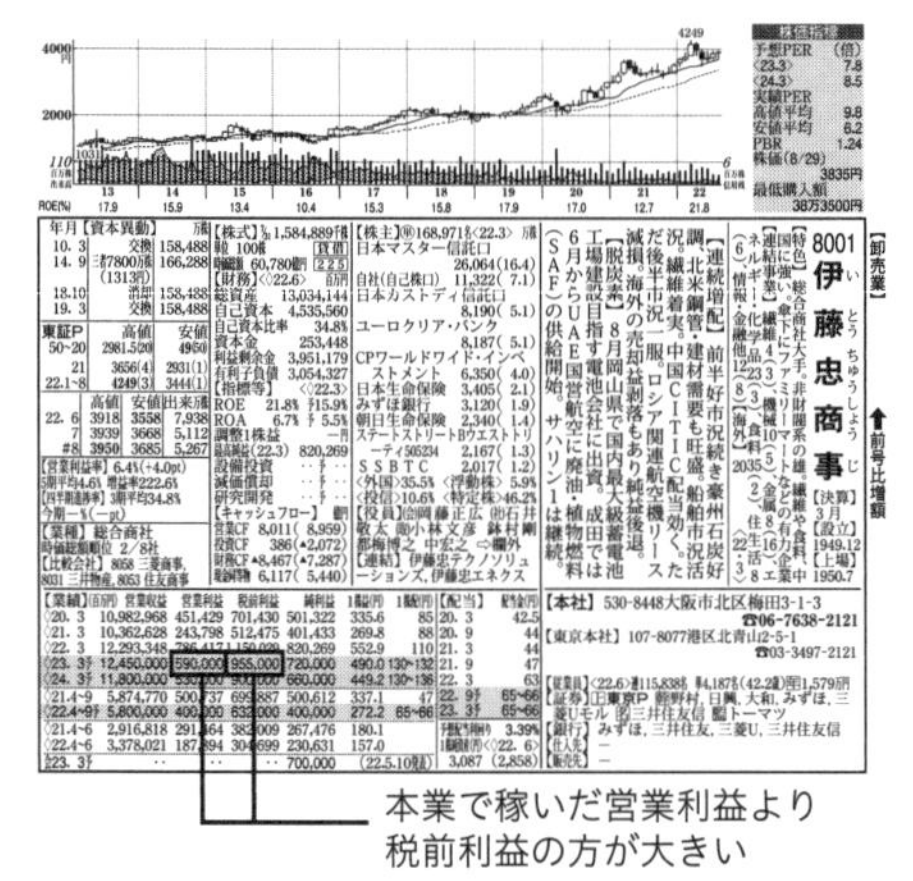

【卸売業】 ↑前号比増額

8001 伊藤忠商事（いとうちゅうしょうじ）
【決算】3月 【設立】1949.12 【上場】1950.7

【特色】総合商社大手。非財閥系の雄。繊維や食料、中国に強い。傘下にファミリーマートなどの有力企業
【連結事業】繊維4(3)、機械10(5)、金属8(16)、エネルギー・化学品23(3)、食料35(2)、住生活8(6)、情報・金融他12(8)【海外】20〈22・3〉

【連続増配】前半好市況続き豪州石炭好調、北米鋼管・建材需要も旺盛。船舶市況活況。繊維着実。中国CITIC配当効く。ただ後半市況一服。ロシア関連航空機リース減損。海外の売却益剥落もあり純益後退。
【脱炭素】8月岡山県で国内最大級蓄電池工場建設目指す電池会社に出資。成田では6月からUAE国営航空に廃油・植物燃料（SAF）の供給開始。サハリン1は継続。

【株価指標】
予想PER（倍） 〈23.3〉 7.8 〈24.3〉 8.5
実績PER 高値平均 9.8 安値平均 6.2
PBR 1.24
株価(8/29) 3835円
最低購入額 38万3500円

ROE(%) 13: 17.9 / 14: 15.9 / 15: 13.4 / 16: 10.4 / 17: 15.3 / 18: 15.8 / 19: 17.9 / 20: 17.0 / 21: 12.7 / 22: 21.8

年月	【資本異動】	万株
10. 3	交換	158,488
14. 9	三者7800万株（1313円）	166,288
18.10	消却	158,488
19. 3	交換	158,488

東証P	高値	安値
50~20	2981.5(20)	49(50)
21	3656(4)	2931(1)
22.1~8	4249(3)	3444(1)

	高値	安値	出来万株
22. 6	3918	3558	7,938
7	3939	3668	5,112
#8	3950	3685	5,267

【営業利益率】6.4%(+4.0pt) 5期平均4.6% 増益率222.6%
【四半期進捗率】3期平均34.8% 今期ー%(ーpt)
【業種】総合商社 時価総額順位 2/8社
【比較会社】8058 三菱商事, 8031 三井物産, 8053 住友商事

【株式】1,584,889千株 単位 100株 【貸借】【225】 時価総額 60,780億円
【財務】〈◇22.6〉 百万円
総資産 13,034,144
自己資本 4,535,560
自己資本比率 34.8%
資本金 253,448
利益剰余金 3,951,179
有利子負債 3,054,327
【指標等】〈◇22.3〉
ROE 21.8% 予15.9%
ROA 6.7% 予 5.5%
調整1株益 ー円
最高純益(22.3) 820,269
設備投資 ‥予‥
減価償却 ‥予‥
研究開発 ‥予‥
【キャッシュフロー】億円
営業CF 8,011(8,959)
投資CF 386(▲2,072)
財務CF ▲8,467(▲7,287)
現金同等物 6,117(5,440)

【株主】㊥168,971名〈22.3〉 万株
日本マスター信託口 26,064(16.4)
自社(自己株口) 11,322(7.1)
日本カストディ信託口 8,190(5.1)
ユーロクリア・バンク 8,187(5.1)
CPワールドワイド・インベストメント 6,350(4.0)
日本生命保険 3,405(2.1)
みずほ銀行 3,120(1.9)
朝日生命保険 2,340(1.4)
ステートストリートBウエストトリーティ505234 2,167(1.3)
SSBTC 2,017(1.2)
〈外国〉35.5% 〈浮動株〉5.9% 〈投信〉10.6% 〈特定株〉46.2%
【役員】(会)岡藤正広 (社)石井敬太 (副)小林文彦 鉢村剛 都梅博之 中宏之 ⇨欄外
【連結】伊藤忠テクノソリューションズ, 伊藤忠エネクス

【業績】(百万円)	営業収益	営業利益	税前利益	純利益	1株益(円)	1株配(円)
◇20. 3	10,982,968	451,429	701,430	501,322	335.6	85
◇21. 3	10,362,628	243,798	512,475	401,433	269.8	88
◇22. 3	12,293,348	786,417	1,150,029	820,269	552.9	110
◇23. 3予	12,450,000	590,000	955,000	720,000	490.0	130~132
◇24. 3予	11,800,000	530,000	900,000	660,000	449.2	130~136
◇21.4~9	5,874,770	500,737	699,887	500,612	337.1	47
◇22.4~9予	5,800,000	400,000	632,000	400,000	272.2	65~66
◇21.4~6	2,916,818	291,464	382,009	267,476	180.1	
◇22.4~6	3,378,021	187,894	304,699	230,631	157.0	
会23. 3予	‥	‥	‥	700,000	(22.5.10発表)	

【配当】	配当金(円)
20. 3	42.5
20. 9	44
21. 3	44
21. 9	47
22. 3	63
22. 9予	65~66
23. 3予	65~66

予想配当利回り 3.39%
1株純資産(円)〈◇22. 6〉 3,087 (2,858)

【本社】530-8448大阪市北区梅田3-1-3 ☎06-7638-2121
【東京本社】107-8077港区北青山2-5-1 ☎03-3497-2121
【従業員】〈22.6〉連115,838名 単4,187名(42.2歳)年1,579万円
【証券】上東京P 幹野村, 日興, 大和, みずほ, 三菱Uモル 名三井住友信 監トーマツ
【銀行】みずほ, 三井住友, 三菱U, 三井住友信
【仕入先】ー
【販売先】ー

（『会社四季報』2022年秋号）

利益」ですが、会計基準によって記載される場合とされない場合がありますので注意してください。

先ほど私は、経常利益はあまり重視されていないけれども総合商社だけは例外だ、とお伝えしました。実際に、総合商社の**伊藤忠商事**（8001）のブロックJで確認してみましょう。なお、同社は国際会計基準（IFRS）を導入しているため、経常利益という項目がありませんが、税前利益がほぼ同じ概念だと考えてください。

伊藤忠商事の２０２３年３月決算の予想では、営業利益が５９０，０００百万円であるのに対し、税前利益は９５５，０００百万円と、税前利益のほうが１・６倍多くなっています。特別損益を考慮したとしても、経常利益（＝営業外収益）の大きさがおわかりいただけることでしょう。

純利益

純利益は税前利益から税金を引いたもので、売上高から見ればすべてのコストを差し引いて、最後に残った利益のことです。投資運用の業界では、一番下にある利益ということで「ボトムライン」と言われます。日経新聞では、純利益として掲載されることも多く、ＲＯＥ（Return On Equity＝自己資本利益率。株主が出資したお金を元手に、企業がどれだけ多くの利益を上げたかを数値化したもの）の計算などでも必要ですので、重要な指標です。

一方で、バブル崩壊による巨額の特別損失で純利益が大きくブレた時期には、実態を把握するのが難しくなることがありました。そのため、私は営業利益をより重視しています。

1株益

1株益は純利益の金額を発行済みの株式数で割ったものになります。EPS(Earnings Per Share＝1株あたりの利益)とも言われ、PER(Price Earnings Ratio＝株価収益率。株価がEPSの何倍の価値になっているかを示すもの)の計算に使われます。

1株配

1株配は1株あたりに支払われる配当の金額で、配当利回りを計算する際に使われます。また、「(1株配 ÷ 1株益)× 100」は配当性向とも言われ、株主還元の姿勢を表すものとして注目されることがあります。

四季報の巻頭ページで「市場経済」の全体像をつかめ！

この本では、今後の成長が見込める株を見つけることが大きな狙いですが、同時に中長期的なテンバガーを狙うことも目的の1つとしていることから、ここまで個別銘柄の情報を読む方法についてお伝えしてきました。このように、企業など経済の基本単位である個別の主体を見るのを「ミクロ経済」的視点と言います。

四季報を読みやすくするために、あえてこの方法をおすすめしてきましたが、株式投資をするにはこの視点に加えて、全体を俯瞰することが大きな効果をもたらすのです。

投資にも通ずる格言に、「木を見て森を見ず」や「森を見て木を見ず」というものがあります。前者は、「個々の会社情報だけを見て、経済全体の動きを見ない（のはよくない）」、逆に後者は「全体だけを見て個々の会社情報を見ない（のはよくない）」

ということを比喩的に表現した言葉です。

経済の大きな動きとして記憶に新しいところでは、2008年のリーマン・ショックによる世界的な経済危機や、2012年の第2次安倍内閣による経済改革「アベノミクス」による日経平均株価の上昇、2020年のコロナ・ショックなどがありました。

このように、大きな視点で見たときの経済は「マクロ経済」と呼ばれます。ミクロ経済が個別の企業などの小さな単位を扱うのに対し、マクロ経済は経済全体を扱います。両者の視点を持つことで、より的確な投資判断ができるようになります。

ここからは、より俯瞰して「市場経済」を見る方法についてお伝えしていきましょう。参考にするのは、四季報の巻頭ページです。

四季報の冒頭のカラー広告のページが終わると目次があり、次のページから巻頭本文が始まります。

構成は次の通りです。

- ・2ページ　……【見出し】ランキングで見る業績トレンド
- ・3ページ　……その号のポイントと業績集計表
- ・4～5ページ……3分でわかる四季報の読み方
- ・6～7ページ……業種別業績展望
- ・8～17ページ……ランキング特集（毎号、テーマが変わります）

この後、「20年間の出来事と株価、市場主要指標」「四季報の見方・使い方」……と続きます。

このうち**特に重要なのが、2ページ「【見出し】ランキングで見る業績トレンド」、3ページ「業績集計表」、6～7ページ「業種別業績展望」**です。

順番にご説明していきましょう。

※次ページ以降で、誌面を掲載しているものは最新号（2022年11月時点）である2022年秋号（9月発売）の四季報ですが、本文中での銘柄や株価に関する解説

は2022年夏号（6月発売）の内容をベースとしておりますので、ご留意ください。

【見出し】ランキングで見る業績トレンド

67ページでご説明したブロックBの最初の【　】に入っている言葉が「見出し」です。

各企業の見出しに含まれる言葉を、登場頻度の高い順にランキング化したのが、2ページの「【見出し】ランキングで見る業績トレンド」となります。

ブロックBのコメントは、四季報の記者が独自に取材したものです。その**見出しとなる言葉は、すなわち「記者が感じたことの代表」なので、各企業の業績やビジネスの方向性に関する実情が要約されている**と考えてください。

2022年秋号の1位は「続伸」。その隣に書かれている数字（この号では172）は出てきた回数です。この号に掲載されている全上場企業の数は3865社で、その

▼【見出し】ランキングで見る業績トレンド

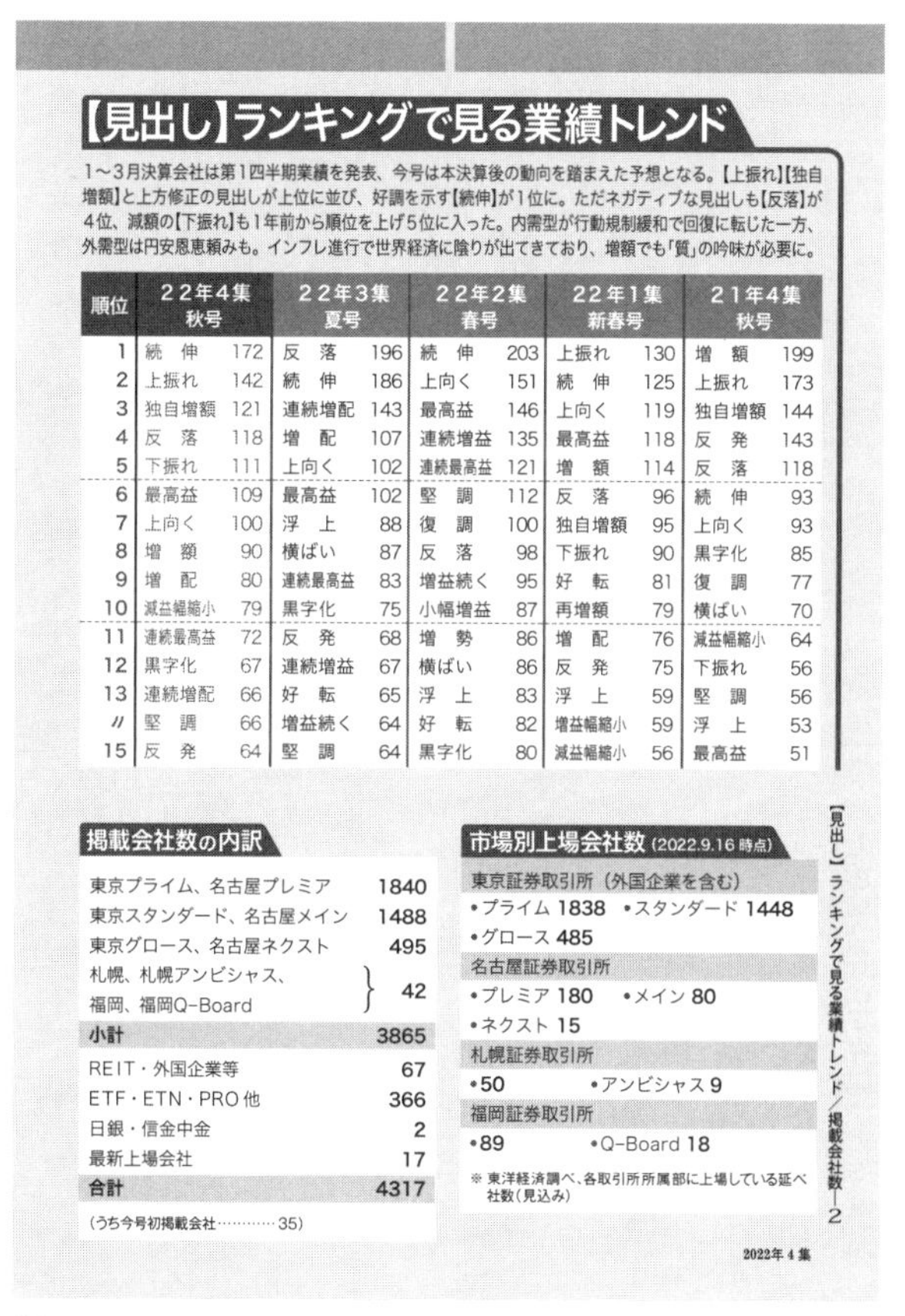

【見出し】ランキングで見る業績トレンド

1～3月決算会社は第1四半期業績を発表、今号は本決算後の動向を踏まえた予想となる。【上振れ】【独自増額】と上方修正の見出しが上位に並び、好調を示す【続伸】が1位に。ただネガティブな見出しも【反落】が4位、減額の【下振れ】も1年前から順位を上げ5位に入った。内需型が行動規制緩和で回復に転じた一方、外需型は円安恩恵頼みも。インフレ進行で世界経済に陰りが出てきており、増額でも「質」の吟味が必要に。

順位	22年4集 秋号		22年3集 夏号		22年2集 春号		22年1集 新春号		21年4集 秋号	
1	続　伸	172	反　落	196	続　伸	203	上振れ	130	増　額	199
2	上振れ	142	続　伸	186	上向く	151	続　伸	125	上振れ	173
3	独自増額	121	連続増配	143	最高益	146	上向く	119	独自増額	144
4	反　落	118	増　配	107	連続増益	135	最高益	118	反　発	143
5	下振れ	111	上向く	102	連続最高益	121	増　額	114	反　落	118
6	最高益	109	最高益	102	堅　調	112	反　落	96	続　伸	93
7	上向く	100	浮　上	88	復　調	100	独自増額	95	上向く	93
8	増　額	90	横ばい	87	反　落	98	下振れ	90	黒字化	85
9	増　配	80	連続最高益	83	増益続く	95	好　転	81	復　調	77
10	減益幅縮小	79	黒字化	75	小幅増益	87	再増額	79	横ばい	70
11	連続最高益	72	反　発	68	増　勢	86	増　配	76	減益幅縮小	64
12	黒字化	67	連続増益	67	横ばい	86	反　発	75	下振れ	56
13	連続増配	66	好　転	65	浮　上	83	浮　上	59	堅　調	56
〃	堅　調	66	増益続く	64	好　転	82	増益幅縮小	59	浮　上	53
15	反　発	64	堅　調	64	黒字化	80	減益幅縮小	56	最高益	51

掲載会社数の内訳

東京プライム、名古屋プレミア	1840
東京スタンダード、名古屋メイン	1488
東京グロース、名古屋ネクスト	495
札幌、札幌アンビシャス、福岡、福岡Q-Board	42
小計	**3865**
REIT・外国企業等	67
ETF・ETN・PRO他	366
日銀・信金中金	2
最新上場会社	17
合計	**4317**

（うち今号初掲載会社…………35）

市場別上場会社数（2022.9.16時点）

東京証券取引所（外国企業を含む）
•プライム 1838　•スタンダード 1448
•グロース 485

名古屋証券取引所
•プレミア 180　•メイン 80
•ネクスト 15

札幌証券取引所
•50　•アンビシャス 9

福岡証券取引所
•89　•Q-Board 18

※ 東洋経済調べ、各取引所所属部に上場している延べ社数（見込み）

【見出し】ランキングで見る業績トレンド／掲載会社数―2

2022年4集

（『会社四季報』2022年秋号）

▼ブロックBの「見出し」をチェック

見出し

1301 (株)極洋（きょくよう）
【決算】3月【設立】1937.9【上場】1949.5

【特色】水産品の貿易、加工、買い付け主力。すしネタに強み。加工食品は業務用が軸。海外加工比率高い
【連結事業】水産商事48(3)、食品38(1)、鰹・鮪14(3)、物流サービス0(10)、他0(8)〈22・3〉

【続伸】食品は外食向けの回復進む反面、物流費等上昇の価格転嫁に遅れ。が、主柱の水産商事は先高感受けて需要や販売単価上昇が想定超。カツオ・マグロも魚価高追い風に貢献拡大。会社営業益を超過。
【積極果敢】現法設立のベトナムで中期的に加工工場を建設へ。養殖飼料への活用等狙い微細藻類の培養行う企業に出資。市販用缶詰は10月納品分より一部商品値上げ。

(『会社四季報』2022年秋号)

うち172社について、四季報の記者が取材して会社の業績を「続伸」と見た、ということになります。上に例として挙げた**極洋（1301）**でも、今期は業績が回復・上昇傾向にあると言えるでしょう。

次に、1位の欄を右端から見ていきましょう。

- 2021年秋号……増額
- 2022年新春号……上振れ
- 2022年春号……続伸
- 2022年夏号……反落

・２０２２年秋号……続伸

２０２１年秋号を制作していた時点では、コロナ・ショックから持ち直して業績を「増額」した会社が多く、２０２２年新春号では「上振れ」、つまり予想よりも業績がよかった会社が多数。２０２２年春号ではさらに業績アップで「続伸」、２０２２年夏号では「反落」が一番多かったけれども、２～５位に「続伸」「連続増配」「増配」「最高益」とポジティブワードが並んだことで、２０２２年秋号では「続伸」が再びトップに躍り出た、という流れが見て取れます。

○各号のトレンドがわかる最重要の4パート

３ページは、「四季報予想について」「特集」「市場別集計」「業種別業績展望」の４つのパートに分かれています。その号の最重要ポイントがわかるお役立ちページですが、中でも大事なのが「市場別集計」です。

市場別集計「業績集計表」

表中の「東P名P」は東証プライム市場と名証プレミア市場を、「東S名M」は東証スタンダード市場と名証メイン市場を表しています。

2022年秋号で集計の対象となっているのは3530社ですが、この3530社すべての決算実績と業績予想を1社ずつ足して、平均を割り出した結果がこの表なのです。

私はこれを「アリ塚」に例えています。アリを1匹ずつ見るとバラバラの動きをしていますが、1匹1匹が1粒ずつ運んだ砂でできた上がったアリ塚がちゃんと見えるように、**この表は3530社それぞれの業績数字が積み上がって見えてきた業績の全体像**だからです。

非上場も含めた日本にある会社のすべての業績のうち、上場会社が半分くらいを占めていますので、この表が日本経済の縮図だと考えて差し支えないでしょう。

▼業績集計表

市場別集計

決算実績および業績予想を市場別に集計したのが下表です。プライム、スタンダード市場ともに20%前後の増益が見込まれています。新興市場も前期の高い伸びは一巡するものの26.9%増と好調が続く見通しです。

業績集計表／四季報形式(市場別)　(単位:%)

	決算期	合計(3530社)	東P名P(1705社)	東S名M(1335社)	新興市場(462社)
売上高	前期(実)	11.5	11.8	4.0	12.9
	今期(予)	10.2	10.3	7.1	17.5
	来期(予)	3.1	3.0	4.4	14.8
営業利益	前期(実)	16.6	16.1	28.2	179.6
	今期(予)	22.6	22.7	19.5	26.9
	来期(予)	5.5	5.1	13.2	86.9
経常利益	前期(実)	36.8	36.8	30.6	272.8
	今期(予)	11.7	11.6	12.3	19.2
	来期(予)	2.6	2.3	8.7	88.1
純利益	前期(実)	46.9	46.3	64.4	黒字化
	今期(予)	13.2	13.0	19.0	145.5
	来期(予)	1.1	0.8	7.4	202.4

(注)営業利益は銀行・保険を含まない

(『会社四季報』2022年秋号)

「売上高」「営業利益」「経常利益」「純利益」のうち、最も重要なのが営業利益です。

前期における3530社の営業利益の増益率平均は16・6%、今期（予想）は22・6%となっています。

よく「○○会社は増益で業績がいいんだ」などと言うのを聞きますが、その「いい」のレベルが平均を超えた増益なのか、確かに増益にはなっているけれども、平均を下回っているのかで投資判断は異なってきます。

投資対象としてこれからグングン成長していく会社を選びたい場合、平均を上回っているかどうかを見るのに、この営業利益の数値をベンチマークとして活用するといいでしょう。

業種別業界展望

ここも、市場全体を知る上で重要なページです。

上場会社は、「東証33業種」という業種別に分類されています。そのうちどの業種が好調でどの業種が不調なのかが、業種別業界展望を分析することでわかります。

先ほどご説明した四季報3ページの「市場別集計」では、売上高や営業利益などの各種決算実績、そして四季報記者による業績予想数値の増益率はわかりますが、その実額（実際の金額）は記載されていませんでした。ところが、このページには実額が産業別に全部出ているのです。

売上高の最終行には、全産業の合計額が855兆8490億円とありますが、みなさんは上場企業の売上高がいくらであるか、考えたことがあるでしょうか？　ほとんどの人が「ない」と答えることでしょう。

兆を超える金額は、なかなかイメージしづらい部分がありますが、売上高は上場企業が生み出した付加価値のすべてが数値換算された指標とも言えます。

もう1つ大切なのは、**「金額の大きさ＝産業の大きさ」**という事実です。業種は、上から「製造業」「非製造業」「金融」の大きく3つに分かれています。

製造業の売上を見ていくと、輸送用機器の金額が約105兆円と際立って大きいの原則として「前期」は2021年7月期～22年6月期、「今期」は22年7月期～23年6月期、「来期」は23年7月期～24年6月期の企業を集計。なお「前期」に含まれる22年3月期から収益認識基準強制適用で売上高が大きく目減りしている場合がある

「前号比増減率」は今号集計企業についての前号掲載時点における予想との比較。「営業利益 今期予想合計額」の「前号比増減率」がプラスまたは黒字化、つまり上方修正されている業種の名称は赤色で掲載。「PBR」は株価純資産倍率、「PER」は株価収益率のそれぞれ平均値で、株価や算出方法は「会社四季報の見方・使い方」の「株価指標」欄を参照

経常利益 今期予想合計額(億円)	前号比増減率(%)	前期比増減率(%) 前期実績	今期予想	来期予想	純利益 今期予想合計額(億円)	前号比増減率(%)	前期比増減率(%) 前期実績	今期予想	来期予想	株価指標 PBR(倍)	PER(倍) 今期予想	来期予想
20,796	(5.5)	12.6	9.8	3.2	13,551	(3.9)	24.5	▲1.3	4.3	1.45	29.4	34.1
3,666	(1.9)	100.1	19.9	9.7	2,426	(4.9)	343.4	21.1	6.8	0.86	14.3	19.6
1,882	(▲19.3)	39.6	▲36.2	34.6	1,074	(▲26.5)	41.5	▲43.1	55.2	0.50	15.9	10.4
46,085	(5.2)	56.3	6.6	4.6	31,762	(4.1)	69.7	11.8	3.3	1.16	18.1	13.9
20,716	(1.6)	▲1.4	38.4	▲1.4	15,450	(2.1)	▲10.1	36.4	▲2.0	4.09	31.5	49.3
10,264	(39.0)	225.5	▲31.9	▲8.6	6,801	(52.0)	292.7	▲31.2	▲20.2	0.72	15.0	9.2
6,466	(2.2)	272.8	4.6	13.1	4,129	(▲3.7)	798.5	▲27.2	20.1	0.75	11.6	12.9
7,715	(2.8)	80.6	3.8	10.5	5,143	(1.8)	86.9	4.8	9.5	0.97	19.1	18.0
14,260	(17.8)	1,107.9	▲9.7	▲8.8	10,434	(24.0)	2,619.8	▲12.1	▲12.9	0.52	12.6	7.0
7,500	(7.9)	94.0	▲20.1	4.5	4,928	(8.2)	135.6	▲28.1	4.2	1.09	16.0	26.3
5,514	(8.8)	26.9	17.5	12.4	3,554	(8.0)	40.8	3.1	12.6	0.66	15.1	11.6
30,879	(2.8)	72.7	11.6	8.6	20,760	(2.1)	89.5	10.1	9.5	0.99	17.4	14.2
81,486	(0.9)	42.6	18.1	6.1	57,382	(0.6)	50.1	14.8	6.4	1.43	16.1	13.7
80,409	(5.5)	55.5	4.6	6.7	55,419	(5.5)	83.6	4.3	6.8	0.64	13.2	10.2
12,621	(34.6)	73.5	53.9	▲21.1	9,361	(36.0)	112.3	54.3	▲21.1	2.16	24.0	25.9
13,554	(10.1)	19.7	▲2.5	▲6.7	9,736	(14.8)	34.2	▲10.1	▲9.2	1.25	31.5	18.7
363,820	(5.8)	57.9	7.8	3.7	251,917	(5.9)	74.6	5.5	3.1	1.26	19.3	17.4
867	(7.1)	23.7	▲6.8	1.5	572	(3.7)	38.0	▲6.9	5.2	1.71	23.8	84.0
14,172	(23.1)	158.2	93.3	▲16.5	4,493	(15.3)	黒字化	112.1	▲24.9	0.71	6.4	8.9
20,391	(0.1)	▲4.6	2.4	9.7	13,798	(▲0.0)	▲8.6	9.5	9.0	1.06	14.2	12.5
▲3,284	(赤字化)	▲62.6	赤字化	黒字化	▲2,337	(赤字化)	▲69.1	赤字化	黒字化	0.94	19.5	22.0
13,423	(8.8)	黒字化	291.4	29.5	10,455	(13.7)	黒字化	316.0	6.4	1.25	26.5	22.8
25,128	(39.7)	439.2	3.0	▲23.9	24,061	(40.1)	585.2	▲0.3	▲28.0	0.89	11.5	9.2
1,178	(20.8)	連続赤字	黒字化	95.3	828	(20.8)	連続赤字	黒字化	93.9	1.25	18.9	11.4
1,959	(9.4)	51.1	1.6	▲3.7	1,425	(9.8)	12.4	11.5	▲9.7	0.76	11.0	11.4
85,663	(21.4)	▲55.1	77.5	▲16.0	58,356	(30.4)	▲75.6	198.7	▲19.1	4.02	58.7	38.6
65,690	(10.4)	145.4	▲0.3	▲6.5	47,835	(9.3)	174.0	▲1.0	▲5.9	1.16	14.3	14.0
27,579	(0.8)	31.0	10.6	7.2	16,381	(2.0)	118.3	14.1	6.2	2.44	46.3	27.8
17,526	(1.1)	30.4	12.2	9.5	11,921	(1.6)	39.1	11.7	6.8	1.71	16.7	14.8
24,529	(1.5)	68.4	▲12.1	16.4	15,493	(3.1)	183.2	▲6.0	18.9	3.51	33.0	27.5
294,826	(9.1)	17.1	22.7	▲0.3	203,287	(11.7)	21.8	33.9	▲3.5	2.63	34.4	25.8
658,647	(7.3)	37.9	14.0	1.9	455,204	(8.5)	49.4	16.5	0.2	2.07	28.1	22.4
49,065	(0.2)	27.8	2.7	5.2	35,218	(0.1)	27.0	0.2	3.9	0.31	7.8	7.4
4,255	(▲11.6)	81.8	▲37.6	27.1	2,816	(▲18.6)	88.2	▲49.8	32.7	1.21	138.5	26.1
17,135	(▲4.0)	22.5	▲10.9	12.6	10,983	(▲3.1)	36.7	▲17.6	11.8	1.62	21.8	17.7
11,066	(1.2)	27.8	▲1.8	7.3	8,036	(1.1)	25.2	3.8	17.4	2.23	174.1	15.8
81,523	(▲1.3)	29.6	▲4.2	8.2	57,055	(▲1.5)	32.7	▲7.7	8.7	1.01	71.8	13.9
740,171	(6.2)	36.8	11.7	2.6	512,260	(7.2)	46.9	13.2	1.1	2.03	30.1	22.0

を優先。ただし、決算期変更企業、連結決算方式変更企業、上場企業の子会社は除く。銀行、保険の営業利益は集計していない

▼業種別業績展望

【業種別】業績展望＞＞

業種	集計社数	売上高 今期予想合計額（億円）	売上高 前号比増減率（%）	売上高 前期比増減率（%） 前期実績	売上高 前期比増減率（%） 今期予想	売上高 前期比増減率（%） 来期予想	営業利益 今期予想合計額（億円）	営業利益 前号比増減率（%）	営業利益 前期比増減率（%） 前期実績	営業利益 前期比増減率（%） 今期予想	営業利益 前期比増減率（%） 来期予想
食料品	113	278,755	(1.6)	1.9	7.6	3.7	19,982	(2.8)	9.7	9.2	5.7
繊維製品	49	62,534	(2.4)	10.7	13.3	3.4	3,340	(0.3)	93.6	27.2	12.2
パルプ・紙	24	56,063	(0.2)	8.1	10.5	4.2	1,694	(▲23.4)	25.8	▲34.3	39.5
化学	200	459,448	(4.0)	16.0	13.6	3.7	44,210	(3.0)	52.7	8.1	7.2
医薬品	64	131,593	(2.1)	10.0	9.7	1.1	20,846	(▲0.3)	▲0.7	30.2	0.4
石油・石炭製品	10	265,091	(4.4)	38.6	27.2	▲8.5	10,366	(37.8)	187.4	▲30.8	▲9.1
ゴム製品	18	71,203	(5.2)	11.3	21.0	9.0	6,006	(▲1.4)	186.8	▲0.4	22.4
ガラス・土石製品	52	80,502	(5.7)	9.4	15.3	5.4	7,653	(1.5)	74.7	8.1	13.0
鉄鋼	37	196,441	(▲0.3)	35.0	19.7	▲1.2	13,654	(17.3)	921.5	▲11.6	▲7.6
非鉄金属	33	136,929	(0.7)	22.2	9.5	2.3	7,025	(5.9)	74.9	▲12.1	6.2
金属製品	91	85,173	(2.1)	5.8	12.1	3.1	5,127	(5.0)	21.3	22.7	17.0
機械	214	325,108	(0.8)	14.9	9.0	4.6	29,800	(▲0.6)	63.9	16.7	9.4
電気機器	229	789,748	(1.0)	12.0	8.2	4.0	77,793	(▲0.4)	40.8	20.8	7.8
輸送用機器	78	1,056,421	(2.2)	13.2	15.2	5.7	66,412	(3.5)	60.3	9.7	10.0
精密機器	47	60,672	(▲0.5)	16.3	7.8	5.4	12,508	(33.1)	72.0	56.7	▲20.6
その他製品	105	112,475	(1.1)	6.6	4.3	3.0	12,475	(1.9)	15.4	▲1.4	0.8
製造業	1,364	4,168,160	(2.0)	14.1	12.6	3.3	338,897	(3.6)	54.7	10.3	6.0
水産・農林業	12	22,563	(2.1)	2.2	6.6	2.2	784	(2.5)	19.0	▲3.0	5.6
鉱業	6	28,725	(13.5)	40.7	62.5	▲10.5	12,848	(24.5)	140.1	100.5	▲14.4
建設業	150	340,013	(0.1)	3.4	9.5	4.2	20,085	(0.0)	▲7.1	6.1	9.6
電気・ガス業	25	316,022	(9.1)	▲3.8	29.5	7.8	▲2,698	(赤字化)	▲61.7	赤字化	黒字化
陸運業	60	221,248	(4.0)	9.2	16.8	6.2	15,051	(8.3)	黒字化	315.9	25.6
海運業	11	53,811	(9.6)	33.2	12.9	▲4.4	4,394	(37.0)	563.4	11.0	▲18.9
空運業	4	32,010	(2.7)	39.6	82.2	3.8	1,533	(10.8)	連続赤字	黒字化	76.0
倉庫・運輸関連業	36	24,585	(4.1)	13.3	4.0	1.6	1,770	(8.2)	54.6	3.1	▲2.8
情報・通信業	497	469,017	(0.2)	6.2	4.9	4.4	83,279	(26.6)	▲78.3	188.5	▲13.8
卸売業	301	1,170,411	(3.3)	18.4	4.5	▲1.2	44,774	(8.8)	157.5	1.9	▲3.5
小売業	304	608,598	(0.2)	6.4	7.3	4.2	26,443	(▲1.6)	23.0	19.0	12.0
不動産業	130	145,585	(▲0.1)	7.6	8.2	7.0	18,867	(0.6)	30.5	11.6	9.1
サービス業	472	344,046	(0.5)	4.3	4.4	3.6	17,484	(1.3)	136.3	▲0.2	27.8
非製造業	2,008	3,776,636	(2.4)	9.4	8.8	2.8	244,620	(7.9)	▲20.7	48.4	4.3
金融を除く全産業	3,372	7,944,797	(2.2)	11.8	10.8	3.1	583,517	(5.4)	16.2	23.6	5.3
銀行業	78	234,240	(0.2)	5.1	3.1	2.9	—	(—)	—	—	—
証券業	35	22,854	(1.7)	17.2	13.7	6.8	3,965	(▲10.5)	89.2	▲38.7	27.7
保険業	10	262,499	(0.8)	6.4	0.6	2.6	—	(—)	—	—	—
その他金融業	35	94,099	(0.9)	15.7	5.2	5.6	10,214	(1.0)	7.9	14.8	10.7
金融	158	613,693	(0.6)	7.5	2.7	3.3	—	(—)	—	—	—
全産業	3,530	8,558,490	(2.1)	11.5	10.2	3.1	597,697	(5.2)	16.6	22.6	5.5

2022年4集　『会社四季報』今号掲載企業で、今期・来期の予想および実績2期分がある企業の業績を集計。実績・予想とも連結決算の数値

業種別業績展望—7

（『会社四季報』2022年秋号）

がわかりますね。これが自動車産業です。その次が電気機器、続いて化学となっています。営業利益は、1位が電気機器で約7・8兆円、2位が輸送用機器で約6・6兆円、3位が化学で約4・4兆円と順番こそ変われども、トップ3の顔ぶれに変化はありません。

非製造業に目を移すと、売上が一番大きいのは卸売業の約117兆円で、輸送用機器を上回っています。卸売は商品を仕入れて販売するわけですから、売上は大きいのですが、営業利益は約4・5兆円と輸送用機器より小さくなっています。

なお、情報・通信業の営業利益は、ソフトバンクグループによる投資ファンドの評価損益で大きくブレるため、実際の業績が反映されているとは言えません。

◯日本の産業を俯瞰する目を養うポイント

業種別業績展望のページは、文字の色が黒と赤の2色使いになっています。前号掲載時点と比べて、上方修正されている業種は赤い文字で書かれているため、どの業種の業績が上がってきているか一目でわかります。

▼景気に左右される株と、そうでない株

ディフェンシブ株

- 陸運業（鉄道）
- 電気・ガス業（電力）
- 医薬品

景気敏感株（素材株）

- 石油・石炭製品
- 鉄鋼
- パルプ・紙
- 非鉄金属

２０２２年夏号（６月発売）時点で今期業績が改善する業種、例えば前期赤字で今期黒字転換する業種や、前期減益で今期増益に転換する業種には、空運業、医薬品などがありました。陸運業というのは鉄道のことですが、鉄道、電力・ガス、医薬品の株式を総称して**景気に業績が左右されにくい「ディフェンシブ株」あるいは「ディフェンシブ銘柄」**という言い方をします。

景気が悪くなれば買い控えはしますが、電車には乗るし、電気・ガスは使うし、薬も飲むので、生活に最低限必要なものは影響を受けにくいとされるのです。

実際、2022年の夏は猛暑で電力不足が懸念されました。今、いろんな会社が電力を売り始めています。しかし、十分な電力を供給できる見込みが立たず、岸田首相は冬の電力需要逼迫に備え、最大9基の原子力発電所を稼働させる方針を示しています。

結局、昔からある大手電力会社が頼りになるということで、新電力会社に流れた顧客が大手電力会社に戻ってきています。私はこれを「電力株の大政奉還」と呼んでいます。

一方、来期の予想を見ると、改善する業種として鉄鋼、パルプ・紙、非鉄金属などが入ってきていました。これらは素材株と呼ばれますが、実は**素材株は景気の影響を受けやすい「景気敏感株」**なのです。

以上のことを勘案すれば、今期はディフェンシブ株が有利ですが、来期は景気敏感株が有利であると言えます。

これらは、四季報の記者が取材して積み上げたものからにじみ出た予想です。有名な経済学者や経済評論家が分析したものではありません。約120人もの英知が集まって出てきた数字なのです。だからこそ意味があるのです。

業種別業績展望の表を理解することで、日本の産業を俯瞰的に見る目が養われ、投資セクターの選別にも役立ちます。ぜひ活用してください。

「会社四季報オンライン」はデータの宝箱

会社四季報はオンラインでも見ることができます。「会社四季報　オンライン」で検索してみてください。

トップページには、日経平均株価やTOPIX（Tokyo Stock Price Index＝東証株価指数。東京証券取引所に上場する銘柄を対象として算出・公表されている株価指数のこと）、マザーズ指数、外国為替などのデータの他、投資に役立つおすすめ記事のアイコンやランキングで見る注目銘柄の表などがあります。

プランは「ゲスト」「ベーシックプラン」「プレミアムプラン」の3種類で、ベーシックプランには毎月1100円（税込み）が、プレミアムプランには5500円（税

株主優待	▲ 一覧表示のみ	● 優待権利確定時、優待内容、最低投資金額での絞り込み検索可能	● 優待権利確定時、優待内容、最低投資金額での絞り込み検索可能
大株主検索	×	×	●
IPO銘柄一覧	●	●	●
四季報アーカイブ	×	▲ 直近4号のみ	● 1936年創刊号から全て
四季報見出し検索	×	●	●
スクリーニング			
スクリーニング項目	▲ 主要な株価指標などの項目のみ	▲ 234項目。検索結果は150件まで	● 指標シグナルや過去業績に関する指標など976項目。検索結果は300件まで
おすすめ条件	▲ 4種類のみおすすめ条件を利用可能	▲ 22種類のおすすめ条件を利用可能	● すべてのおすすめ条件を利用可能
サンプル条件	▲ 3種類のみサンプル条件を利用可能	▲ 40種類のサンプル条件を利用可能	● すべてのサンプル条件を利用可能
検索条件の保存	×	● 最大50件まで	● 最大100件まで
新規作成	▲ 主要な株価指標などの項目のみ	▲ 四季報最新号のデータ、株価、PL、BSなど234項目	● 指標シグナルや過去10年分の業績・2期予想に関する指標など976項目
検索結果表示	▲	● 最大150件まで	● 最大300件まで
チャート			
高機能チャート	×	● MACDやストキャスティクスなど12種類のインジケーターや、テンプレート保存などが使えます	● MACDやストキャスティクスなど12種類のインジケーターや、テンプレート保存などが使えます
国内株式簡易チャート	●	●	●
国内指数簡易チャート	●	●	●
為替簡易チャート	●	●	●
その他			
決算発表カレンダー	●	●	●
ウォッチリスト （旧 登録銘柄）	×	▲ グループ追加は10まで （1グループ100銘柄）	● グループ追加は20まで （1グループ100銘柄）
記事の印刷	無料会員限定でご利用いただけます	●	●

●：全ての機能を利用することができます。　▲：一部の機能が制限されています。　×：利用できません。

※法人利用の場合はご提供サービス内容が一部異なります。

▼「四季報オンライン」各種プランごとの機能一覧

FUNCTION

機能一覧

		ゲスト	簡易版！まずはここから ベーシックプラン	すべての機能を使える！ プレミアムプラン
新着記事				
オリジナル連載・速報		▲ 一部の無料記事のみ	▲ 「厳選注目株」などベーシック会員以上限定の記事が読める※	● すべての記事が読める
適時開示		●	●	●
大量保有報告書		×	●	●
四季報先取り		×	新興株の先行配信は50銘柄のみ	新興株の先行配信は100銘柄
銘柄研究				
株価		20分遅延	20分遅延	リアルタイム（日経平均株価および法人内業務でのご利用を除く）
四季報銘柄ページ	最新の四季報	▲ 一部のみ（四季報記事や詳しい指標は閲覧できません）	●	●
四季報銘柄ページ	企業情報	▲ 一部のみ（大株主や役員、取引先などは閲覧できません）	▲ 大株主は上位10件まで（直近調査のみ）。役員は氏名・役職情報のみ	● 大株主は独自調査による最大30件を表示（5年10期分）。役員は最終学歴など詳細情報も閲覧可能
四季報銘柄ページ	業績予想（四季報の業績2期予想）	×	●	●
四季報銘柄ページ	長期業績	×	▲ 直近実績と業績2期予想のみ	● 最大20年間の業績・各種指標・BS・CF・従業員に関するデータを閲覧可能
四季報銘柄ページ	過去の四季報	×	▲ 直近4号のみ	● 過去に掲載された号全て
四季報銘柄ページ	株主優待	●	●	●
四季報銘柄ページ	株価推移	▲ 簡易的なチャートのみ	▲ 日足・週末信用残の時系列一覧を表示	● 出来高・売買代金の時系列一覧や株価CSVダウンロード機能が利用可能（法人内業務でのご利用を除く）
銘柄を比べる		▲ 業績・株価指標の10項目のみ比較可能	▲ EV/EBITDA倍率の項目以外は比較可能	● すべての項目を比較可能
銘柄ランキング		▲ 値上がり・値下がり・時価総額・売買代金・信用取引のみ閲覧可能	▲ 各指標、テクニカル分析、業績予想修正率などのランキングを閲覧可能	● 3期連続増益・最高益更新率など全てのランキングを閲覧可能
マーケット指標		▲ 国内主要株価指数、外国為替のみ	● 東証株価指数33業種の株価指数が閲覧可能	● 東証株価指数33業種の株価指数が閲覧可能

（会社四季報オンライン　2022年10月25日時点より）

込み）が課金される仕組みです。プランによって、得られる情報の範囲が異なります。

例えば、会社四季報オンライン（以下、本文中では四季報オンライン）のオリジナル連載や速報については、ゲストの場合だと一部の記事しか読むことができませんが、ベーシックプランでは読める記事の数が増え、プレミアムプランの会員だけがすべての記事を読むことができます。

最新の四季報の中身も、ゲストは記事や詳しい指標を閲覧できません。

過去の四季報に関して言えば、ゲストは閲覧することができず、ベーシックプランは直近4号分のみに制限されますが、プレミアムプランの場合は1936年の創刊号から最新号に至るまで、すべての四季報を閲覧することができます。

株価については、ゲストとベーシック会員の場合、20分遅れの表示になりますが、プレミアムプランの場合はリアルタイム表示です。

分厚い紙の四季報を持ち歩くのは大変ですが、四季報オンラインならスマホやタブレットでいつでも確認することができます。

この本で私がご紹介してきた、「社名を知る」「四季報記者が書いたコメントを読む」

「【株主】の欄をチェックする」「財務状況を見る」「業績の推移を見る」といったことが、重い四季報を持ち歩かずともどこでも可能というのは、それだけでメリットと言えるでしょう。

1100円（税込み）のコストでベーシックプランに加入すれば、見出し検索機能が使えるので、第2章でご紹介したピンと来た「少数ワード」が四季報内でいくつ出ているかを調べることができます。

私のおすすめはお得度の高いプレミアムプランですが、月額5500円（税込み）かかるので、ちょっと高く感じられる方もいるでしょう。投資に対する知識が深まれば深まるほど、「こんなお得なプランはない」と感じられるようになっていくのですが、最初からこれを選ぶのは難しいかもしれません。

まずは、ゲストとして閲覧してみるといいでしょう。

日経新聞の強みは「情報の一覧性」にある

この本は、四季報をフル活用しようというコンセプトのもとに書かれています。このコンセプトからは少しそれることになりますが、それでもあえておすすめしたいのが日経新聞を読む習慣を持つということです。

新聞には、本やインターネットの記事にはない「一覧性」があり、さまざまな情報が目に飛び込んできます。重要な出来事には大きな見出しがつけられ、内容を端的にまとめたリード文もあります。一目見ただけで、今、何が重要なのかが一番わかりやすい形で示されているのは大きな紙面に印刷された「紙の新聞」なのです。

とはいえ、情報量の多い新聞のすべてを読むのは効率がいいとは言えません。そこで活用したいのが、見出しを読んでいく方法です。

私は、**見出しの中に「（〇年）ぶり」「初（日本初、世界初など）」「最（過去最高など）」「転（転換、転機など）」「新（新技術、更新など）」の文字があったら必ず読む**ようにしています。

新聞の見出しに使われるこれらの言葉は、変化の兆しを示唆しているのでしっかりとチェックしましょう。変化をつかむということは、投資チャンスをつかむということに他なりません。また、大暴落などのリスクに備えることにもなります。

私は野村證券で働いていた時代、所属していた部の「日経新聞読み合わせ会」を主催していました。読み合わせ会は、業務開始前の午前6時40分から行われていました。参加者は、その日の日経新聞朝刊の内容に関する進行役からの質問に答えなくてはなりません。当然、主催者である私はもっと早い時間に起きて、日経新聞を読んでおく必要があります。

その記事のポイントと背景をしっかり理解していないと、他人に説明することはできません。そして、簡潔に伝えることも重要です。

私自身もそうですが、この読み合わせの会のおかげで、新聞から得られる情報を選別・理解し、本質をつかむ力が養われた社員は多かったと思います。

投資は「売り手あれば買い手あり」

日ごろから日経新聞を読むことをおすすめしている私ですが、決して「書かれていることが全部正しい」と言っているわけではありません。かと言って、疑ってかかるべきとも思ってはいません。

新聞に書かれているのは、あくまでもある事実に対する1つの見え方だからです。

大切なのは、次の3点です。

①新聞に書かれている内容を理解すること
②それに対して自分はどう考えるのかをはっきりさせること
③逆の視点から考えてみること

特に、③の「逆の視点から考えてみること」は投資をする上で欠かせない視点です。

というのも、株の取引というのは売りと買いが同数存在しないと値段が成立しないものだからです。売りが多くても、買いが多くても値段は成立しません。

だからあなたが、「この会社は成長するだろう」という予測のもとにその銘柄を買おうとしているとき、その向こうには「もう売ってもいいだろう」と思っている人が必ずいるということです。つまり、投資もモノやサービスの売り買いと同様、常に株の向こう側には「人」がいるのです。そのため、「売りたい人はどういうふうに考えているんだろう」ということまで考えることがとても大切なのです。

私はこのことを、歴史上の合戦に例えて考えることがあります。正しいか正しくないかは別として、勝ち負けという結果が出てしまう点では、株価の上下と同じだと思うからです。

○手書きの「指標ノート」を約25年継続して得られたもの

私は**四季報、日経新聞、それにオリジナルの指標ノートの3つを合わせて「投資の三種の神器」**と呼んでいます。

私が指標ノートを作り始めたのは、四季報を通読するようになった約25年前のことです。毎日、日本の日経平均やＴＯＰＩＸ、マザーズ、アメリカのＮＹダウ、Ｓ＆Ｐ５００、ＮＡＳＤＡＱなどの経済指標、それと日本とアメリカの金利、為替、原油価格などの他、その日、一番気になったニュースや言葉を書き留めています。先述の「四季報曼荼羅」同様、全部手書きです。この「ニュースや言葉」の欄には、日経新聞の見出しが入ることが多いです。

日経平均などの数字は、いくらでもインターネットで調べることができるものですが、やはり自分の手で書くことで記憶に残りやすいんですよね。「以前もこうなったことがあった！」とひらめく手がかりになり、「あれは確か２０〇〇年の〇月ごろだったかな」と思い出すことができます。

指標ノートはずっと取ってあるので、思い当たった時期のノートを見てみると、そのときと相場がすごく似ていたりします。「あのときはこう動いたから、今回も同じようになるかもしれない」という予想を立てることができるのです。

また、**ニュースの見出しや気になった言葉を書き留める癖をつけたことよって、連想力が養われてきた**ように思います。「こういう現象が起こっているということは、これからこういう分野に注目が集まるのでは？」とか、「この分野が成長するということは、あの分野にも影響が出そうだ」といった具合です。地道な作業ですが、日々継続することで徐々に習慣化され、こちらから積極的に情報を追い求めなくても、自然と必要な情報だけが集まってきてくれるようになったと感じています。

みなさんも指標ノートを作らないまでも、ぜひ日々の経済の動きや社会現象に意識を向けるようにしてみてください。世の中は常に動いており、日々いろいろなことが起こるので、まるで壮大な映画を見ているような気持ちになることでしょう。

さまざまな現象が起こっていることを実感できるようになると、おのずから「どうしてこうなるのか知りたい」と思うようになってきます。

そうした知識欲があなたにとっての財産となって、これから成長していく会社を見つける目を養っていくことにつながるでしょう。

株式投資のいいところは、投資先の会社と株主がＷｉｎ－Ｗｉｎの関係になれるところだと私は思っています。投資先が成長すれば、その会社にとってのメリットになることはもちろん、株主にも配当や値上がり益といった形で利益が還元されます。

そんな投資の世界を、ぜひ楽しんでください。

第4章

会社四季報の達人が教える

右肩上がりの市場と銘柄

第2章と第3章では四季報の読み方について、できる限りわかりやすくご説明しました。必ず押さえておきたいポイントを外さずに読み進めていくうちに、最初は「文字と数字の羅列」としか思えなかった四季報が、貴重な情報の宝庫だと感じられるようになっていきます。

そうなったらしめたものです。紙の四季報でも四季報オンラインでもかまいませんので、四季報を読む習慣を自分のものにしてください。

この第4章では、四季報を25年にわたって100冊読み「3000年生きた男」となった私が、直近に刊行された四季報から得たヒントをもとに、これから成長することが期待できる「気づきのテーマ」ごとに次の2点をご説明していきます。まずは市場について。続いて、その市場に属する個別の銘柄についてです。

まずご紹介したいのが、これから私たちの生活を大きく変えていく可能性の高い市場です。

【Web3・0】次世代の分散型社会

未来へ目を向けたとき、新しいトレンドとしての民主化の波を止めることはできないだろうと感じるのが、「Web3・0」と呼ばれる次世代型インターネットの概念です。

まだ新しい概念なので、定義や用法にあいまいなところがあります。そこで、この本では政府が2022年6月7日に閣議決定した、いわゆる「骨太方針2022」と呼ばれる内閣府による基本方針から、Web3・0に関連する脚注を引用する形で、この概念を定義します。

「Web3・0……次世代インターネットとして注目される概念。巨大なプラットフォーマーの支配を脱し、分散化されて個と個がつながった世界。電子メールとウェブサイトを中心としたWeb1・

0、スマートフォンとSNSに特徴付けられるWeb2・0に続くもの」
（内閣府「経済財政運営と改革の基本方針2022 新しい資本主義へ～課題解決を成長のエンジンに変え、持続可能な経済を実現～」）

現在、私たちはWeb2・0の世界にいます。Google、Twitter、Facebook（現在はメタと社名変更）といったプラットフォーマーを介して、情報を受け取ったり発信したりしています。アメリカのこれら4社、通称GAFAは、まさにWeb2・0の申し子でした。

Web3・0の時代になると、プラットフォーマーによる中央集権的な情報管理が必要なくなり、プラットフォームを介さずに個人と個人がつながれるようになっていきます。

▼ブロックチェーン技術を活用した分散型管理の仕組み

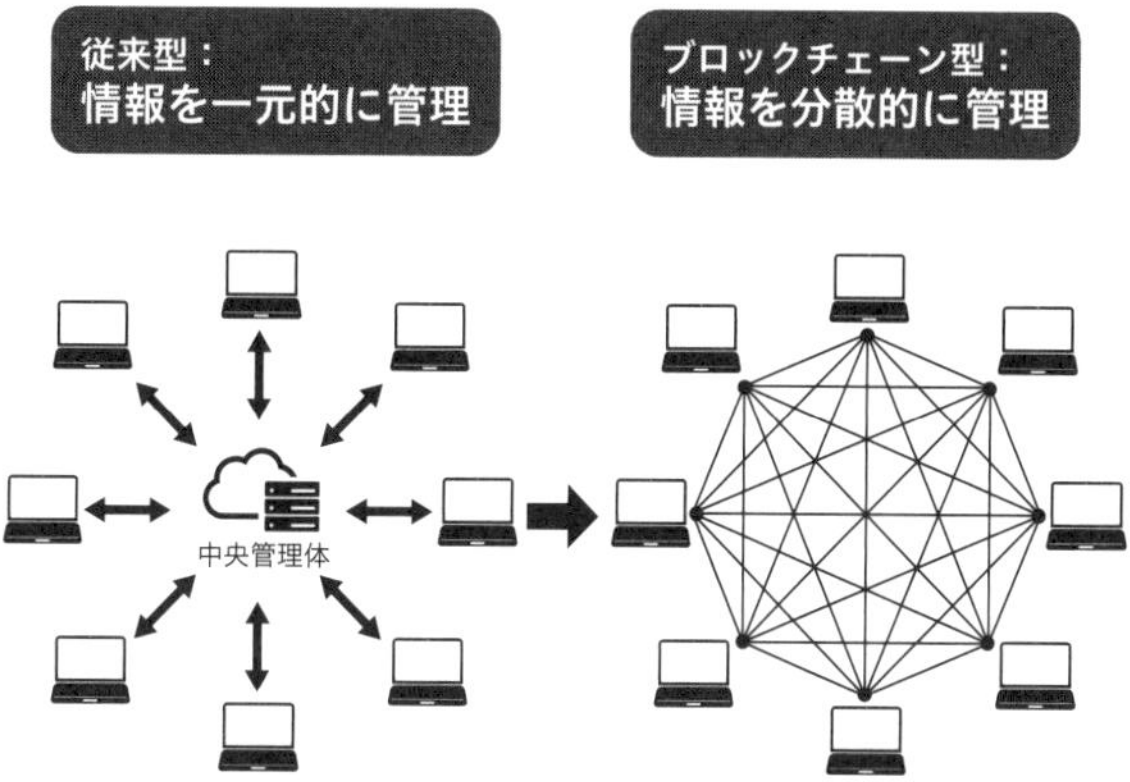

従来型：
情報を一元的に管理

ブロックチェーン型：
情報を分散的に管理

中央管理体

（総務省「進むブロックチェーンの活用」の図をもとにSBクリエイティブ株式会社が作成）

それを可能にするのが、ブロックチェーンの技術です。

ブロックチェーンとは、暗号資産の運用に使われている技術です。ネットワーク上にある端末同士を直接接続して、暗号技術を使って取引記録を分散的に処理したり記録したりするデータベースの一種です。

この技術では、セキュリティの高いブロックにデータを保存し、取引の履歴をチェーンのようにつなぎ合わせていきます。そうすることでデータの改ざんが困難になり、不正を防ぐことができます。また、ネットワークに不具合が生じた場合でもシステムを維持することができます。さらに、中央集権的に管理されている場合と異なり、管理者に支払う手数料が必要ない分、低コストで取引ができるというメリットもあります。

２０２２年8月上旬、ＧＡＦＡの決算が出ました。このうち、Ｆａｃｅｂｏｏｋが初めて減収になったのです。

Ｗｅｂ２・０をけん引してきた巨大企業の一角が減収になったことはニュースとして大々的に取り上げられ、私は「いよいよ転換期が訪れたか」と感慨深く感じた次第です。

おそらく今後も、巨大プラットフォーマーは減収になっていくことでしょう。まさにそのとき、現行のＷｅｂ２・０とＷｅｂ３・０との交代劇が繰り広げられるのだと思います。

なお、Ｗｅｂ３・０と関連の深いジャンルとして「メタバース」と「ＮＦＴ」があります。

メタバース

メタバースとは英語の「超（meta）」と「宇宙（universe）」を組み合わせた造語で、1992年に発表されたSF小説『スノウ・クラッシュ』に仮想空間を意味する言葉として登場したのが最初でした。以来、「仮想空間」の総称として使われるようになりました。

多くの人が夢中になった任天堂のゲーム『あつまれ どうぶつの森』も、メタバースの一種とされています。

日本映画では、2009年に公開された『サマーウォーズ』（監督：細田守）に「OZ（オズ）」という仮想空間が登場します。そこでは自分の分身であるアバターを設定し、現実世界と同様に生活ができる様子が描かれています。

OZ内には、多くの行政機関や地方自治体が窓口を設置しており、各種手続きや納税ができます。医療データの管理なども行える設定のため、デジタル庁が目指す日本の将来像を見ているような気になります。

NFT

NFTは「Non Fungible Token」の略で、日本語に直訳すると「代替不可能なトークン」となります。

トークン（token）は直訳すると「しるし・証拠」ですが、ここではブロックチェーン技術を用いて取引を行うとき、発行する人が相手に交付する証券のようなデータを意味します。ブロックチェーン技術を用いることで、デジタルでありながら代替できない＝唯一無二の価値を持ちうるものになるわけです。

現在のところ、アート作品が話題になることが多いですが、いずれ他のものもNFT化されていくことでしょう。

では、ここからWeb3・0関連の面白い銘柄をご紹介しましょう。

メタリアル（6182）

会社プロフィール

「【特色】 人工知能活用の自動翻訳サービス・ソフト提供」
「【連結事業】 メタバース」
「【雄飛】 メタバース事業は販売自前主義やめ提携戦略推進へ舵」

ここに注目！

人工知能活用の自動翻訳サービスやソフトの提供が主軸ですが、ＶＲ・メタバース関連事業にも意欲的に取り組んでいます。

ＶＲ旅行事業ではリアル旅行代理店と協業し、ＶＲ世界旅行の有料サービスを行っています。

この会社の旧社名は「ロゼッタ」。ナポレオンのエジプト遠征の折に発見された、古代エジプトの文字を解読する重要な手がかりとなった石碑「ロゼッタ・ストーン」に由来しています。翻訳によって、言葉を使ったあらゆるコミュニケーションにおけるストレスを解放したい、という願いが込められた旧社名なのです。

２０２２年1月25日付の日経新聞によれば、メタリアルの最高経営責任者（ＣＥＯ）・

五石順一（ごいしじゅんいち）氏は、学生時代に外国人を対象とした観光ガイドを経験したことがきっかけで、「語学オタク」になったそうです。それも、起きている時間の1／3を語学に充てるほどの熱中度合い。その後、英会話学校のNOVAに入社してからも、多様な言語を収録したCDを聴きながら寝ていたのだとか。翻訳にこそ人工知能を活用すべきというところから、VR領域、そしてVRによる海外旅行事業に取り組むようになりました。

人工知能による瞬時の通訳により、言葉の壁を越えられるという意味で、メタリアルが提供するVR世界旅行サービスは、まさにロゼッタ・ストーンの役割を果たしてくれるのです。

IGポート（3791）

会社プロフィール

【特色】映画、テレビ、配信等向けアニメ制作と版権収入が主柱。子会社にコミック専門出版社も」

「【新中計】シリーズ作品に継続的な投資進める。越境ECやNFTにも注力し海外展開を強化」

✔ここに注目!

映画、テレビ、配信向けアニメの制作と作品の二次利用による版権を収益源とした会社です。ヒット作には『攻殻機動隊』『宇宙戦艦ヤマト』『進撃の巨人』があり、アニメのキャラクターや名場面のNFTの販売も行っています。

アメリカのアニメ専門チャンネルに作品を供給する事業も行っています。作品企画から編集までの一貫した制作ラインを持っているのが、この会社の強みです。

○【次世代パワー半導体】省エネ時代の革命児！

―大脚光を浴びる電力改革の実態

次世代パワー半導体は、CO_2を含む温室効果ガスの排出をゼロにする「カーボンニュートラル（＝脱炭素）」を実現するためのキーデバイスです。

では、次世代パワー半導体とは何でしょうか？　それを理解するためには、「次世代」と「パワー半導体」を分けて理解しておく必要があります。

まずは、「パワー半導体」の役割についてご説明しましょう。

半導体は、集積回路に情報を格納する役割をするもので、人間の体に例えると「頭脳」にあたります。

これに対してパワー半導体とは何かというと、電力を調整するための半導体で、電流や電圧、周波数などをコントロールします。これは人間の体に例えると、血流や血

▼半導体の材料の変遷

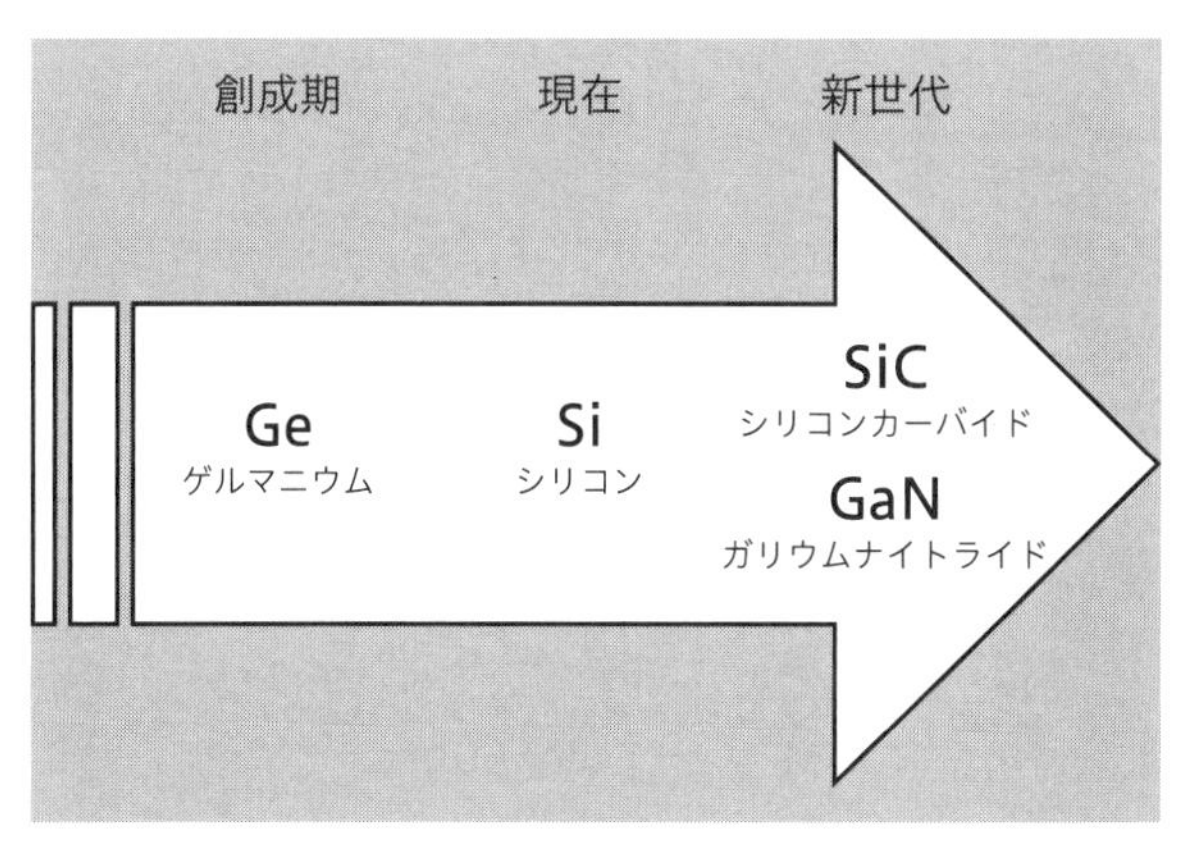

（サンケン電気ホームページより）

圧、脈拍などをコントロールする「心臓」にあたります。

従来の半導体は、頭脳の部分を最先端にすることに主眼が置かれていました。ところが、「どんなに頭がよくても心臓の部分でうまくコントロールができず、電力ばかり消費してしまうならば、意味がないじゃないか」「それならもっと心臓のコントロール機能をアップさせることのほうが大切なのではないか」ということになりました。

そこで、現在は「パワー半導体」に主眼が置かれているという経緯があります。

次に「次世代」の意味についてですが、これは半導体を作る材料に関わってきます。半導体の草創期である1950年ごろには、材料としてゲルマニウム（Ge）が使われていました。

その後、より特性に優れているシリコンが主材料となり現在に至ったわけですが、やがて、シリコンに炭素などといった他の物質をくっつけることで、シリコン単体のときに比べて電力の損失の抵抗値が1／10になるということがわかりました。

脱炭素の実現に大きく貢献するすごい存在

このことが、なぜそれほど大きなインパクトを与えたかというと、世界の消費電力の約46％が実はモーターに使われているからです。よく「使わない電化製品はこまめにスイッチを切りなさい」などと言われますが、照明に使われる電力は全体の20％程度です。

電力の約46％を消費してしまうモーターそのものを省エネ化しない限り、電力の消費は減りません。電力の消費が減らないということはCO_2を出し続けるわけで、カーボンニュートラルには行きつきません。

前ページで「電力の損失の抵抗値」と言いましたが、この抵抗値が高ければ高いほど電力のムダ遣いになります。

例えば、長時間電化製品を使っていると電線が熱くなりますよね。本来的な働きをすることだけに電力が使われるのではなく、単なる熱として放出されてしまっているわけです。

電力のムダ遣いの例として、よく出されるのが水力発電です。山で水力発電によって電気を作り、それを市街地まで持ってくると電力量がかなり減ってしまうんですね。その理由として、電線の中に抵抗があるために、送電中に放電したり熱に変わったりすることが挙げられます。

モーターの中には、電気の抵抗を制御するためにパワー半導体が入っているのですが、このパワー半導体そのものが電気を遣うため、結果として一番電力を消費してしまっているという皮肉な事態になっています。

こうした事態を解決するのが、電気抵抗を抑制し、電力消費を減らす「次世代パワー半導体」というわけです。

日本はこの領域で世界と勝負できる

かつて日本は、従来の「頭脳としての半導体」で世界のシェアの約50％を誇っていました。ところが、技術がどんどん海外に流出してしまい、現在では約10％に過ぎません。

自国の大切な技術として守っていかなければならなかったものを失ったことで、日本経済は元気がなくなっていったのですが、次世代パワー半導体で日本は再びリーダーシップを取れるのではないか、と私は思っています。

というのもパワー半導体というのは、半導体と材料が違うだけであり、さじ加減を調整して合成する・くっつけるというのは、日本の技術が非常に得意とするところだからです。

では、次世代パワー半導体関連銘柄のうち、特に注目すべきものをいくつかご紹介しましょう。

ローム（6963）

会社プロフィール

「【特色】カスタムＬＳＩ首位。ダイオードなど半導体素子や抵抗器有力。ＯＫＩ半導体事業買収。好財務」

「【再増額】（中略）ＥＶ向けゲートドライバーＩＣ（著者注、集積回路＝Integrated Circuitの略）中心に高成長続く。採算よい産機向け、サーバー向けも増勢。（中略）円安進行で営業益再増額」

「【大型契約】独パワーモジュール大手セミクロンが当社ＳｉＣデバイス採用、25年から独自動車大手にＥＶ向けで供給。（中略）長期注文確保推進」

✔ここに注目！

カスタムＬＳＩ（Large Scale Integration＝大規模集積回路。トランジスタやダイオード、受動素子などを集積させて、複雑な機能を実現する電子回路部品のこと）で首位を誇る会社です。この分野ではずっと最先端を走り続け、トランジスタやダイオードなどを手がけてきました。

現在はシリコンカーバイド、ＳｉＣウエハなどといった半導体材料の内製化が進められています。

タムラ製作所（6768）

会社プロフィール

「【特色】トランス、リアクター大手。はんだ材料、絶縁膜、子会社でＬＥＤも展開」

「【独自増額】電子化学実装は車載用伸長。（中略）電子部品が産機・家電・風力発電向け快走」

✔ここに注目！

2013年6月に、世界で初めて次世代パワー半導体の実用化に道筋をつけた、草分け的存在の会社です。

ロボットや工作機械などにおける、電圧調整のための基幹部品であるトランスやリアクターの大手で、産業機械、家電、エネルギー市場向けの電子部品等が堅調に推移しています。工場の自動化推進、拠点再編による物流改善などで収益性が改善している模様です。

2022年春号（3月発売）の四季報では唯一、コメントの見出しに【次世代パワー半導体】と書かれていました。

Mipox（5381）

（マイポックス）

会社プロフィール

「【特色】微細表面加工の液体研磨剤大手。光ファイバー向け研磨フィルムも」

「【買収】福山市の研磨ディスク専業メーカーを子会社化。（中略）本社を手狭になった新宿のシェアオフィスから四谷のビルに7月移転」

ここに注目！

旧社名は「日本ミクロコーティング」。四季報の【特色】欄には「微細表面加工の液体研磨剤大手」とあります。半導体を作る際、表面をピカピカに磨く工程があるのですが、そのときに使われる研磨剤で有名な会社です。

四季報コメント内に、「次世代パワー半導体」やそれに類するワードが初めて登場したのは、2018年夏号（6月発売）の「旭硝子（現・AGC）」ですが、その次の号で、Mipoxやロームにも登場しました。

【宇宙】可能性が無限大！　注目のビジネス

「宇宙ビジネス」と聞くと、ロマンを感じる人が多いのではないでしょうか？

アメリカのアポロ11号が、1969年7月20日に（アメリカ時間）人類初の月面着陸を成功させてから、53年が経過しました。2021年にはアメリカ、中国、UAEの火星探査機が探査を開始。人類が火星に降り立つ日も近いのではないか、と多くの人が期待しています。

さて、一口に「宇宙ビジネス」と言っても、イメージするものは人によってさまざまです。単に人工衛星を飛ばすといったことであれば、ロケット開発を行っている会社が主体になりますし、宇宙を使った通信ビジネスとなると、また運営主体が違ってくるでしょう。

ただ、実際に宇宙ビジネスが事業として成り立つのは、かなり先のことになるのではないかと思います。現状では先行投資に過ぎませんが、仮に成功したら各企業の技術力の高さが評価されるでしょう。

ここからは、「宇宙ビジネスにロマンを感じる」もしくは「関連した会社にぜひ投資してみたい」という方におすすめしたい会社をご紹介していきます。

日東製網（3524）

会社プロフィール

「【特色】合繊製無結節網の最大手。漁網と漁労機器が主力」
「【復調】陸上の獣害・防鳥ネットは販売増継続」

ここに注目！

四季報では、2005年秋号のコメントに「【宇宙ゴミ】使用済み人工衛星等宇宙のゴミ回収用特殊高強度網を宇宙航空研究開発機構と共同開発」と書かれていましたので、私自身かなり早い段階から宇宙関連銘柄として注目していました。

宇宙空間には、たくさんのゴミがハイスピードで飛び交っています。日東製網は漁網のメーカーですが、自社の製網技術を使った「宇宙ゴミ除去システム」をJAXA

▼HAPSの仕組み

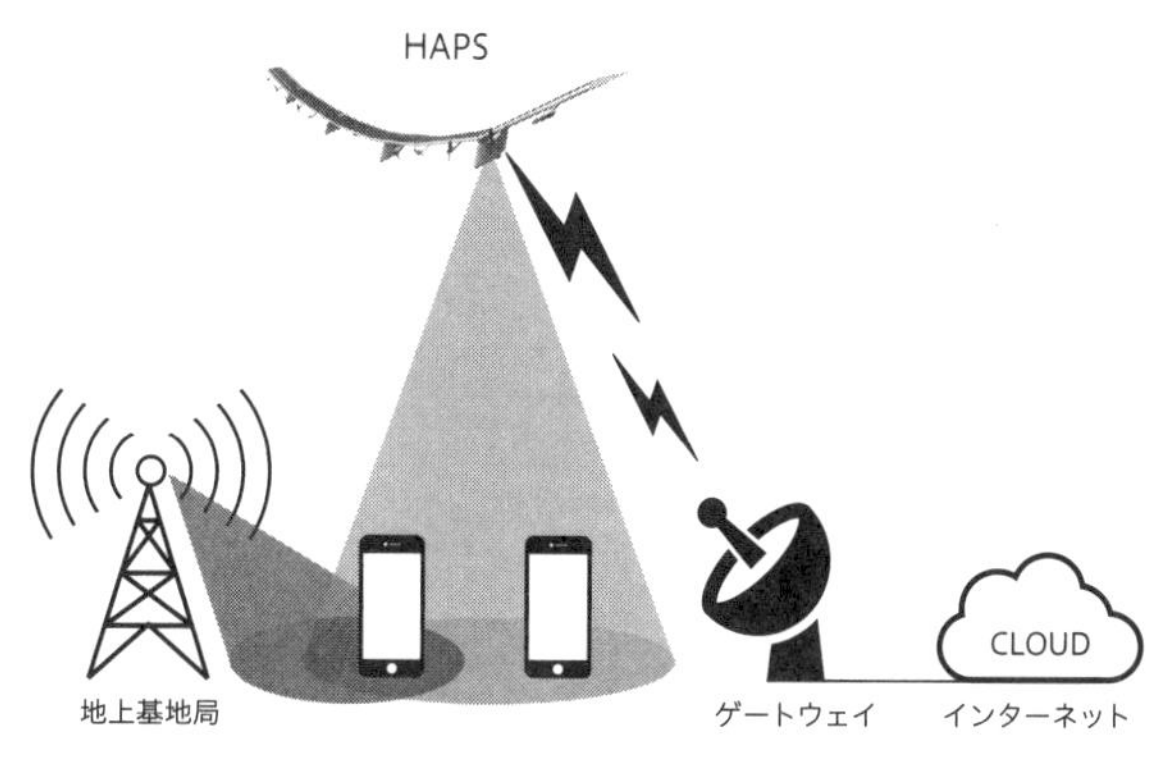

（ソフトバンク株式会社 新規事業に関する記者発表会〈2019年4月25日〉資料をもとにSBクリエイティブ株式会社が作成）

（宇宙航空研究開発機構）とともに開発した実績を持っています。

ソフトバンク（9434）

最後に、四季報2022年春号に「成層圏」というワードが初めて登場したことにも触れておきましょう。「成層圏」のワードが出てきたのは、**ソフトバンク（9434）**のコメント欄です。

会社プロフィール

「【成層圏】ESG債を300億円

発行し、成層圏通信の整備資金に充当。気象データ用い、小売店向け客数予測のサービス提供開始」

✔ここに注目！

ソフトバンク子会社の「HAPSモバイル」が「HAPS（ハップス）」という事業を展開しており、地上約20キロメートル圏内の成層圏で飛行できる成層圏通信プラットフォーム向けの無人航空機を開発しました。

つまり、高度20キロメートルの上空から電波を発信できるということです。

これによって、1基につき直径200キロメートルの通信エリアをカバーすることができます。地上の鉄塔基地局でいえば、約200局分です。

これまで基地局を設置しづらかった場所や離島なども、広くカバーできるようになります。また、災害時など、地上の基地局が使えなくなったときにも安定したネットワークを維持できるという点で、極めて有用なシステムと言えるでしょう。

○【インフレ】日本円の価値が下がる時代だからこそ、爆上がりする銘柄

インフレの解釈はさまざまです。戦前は、通貨の供給量が増えることがインフレとされていました。一方、金融庁は物価が上がることであり、バランスシートが膨らむことであるとも言っています。

一般的に言われているのは、モノの値段が上がることによって、相対的にお金の価値が下がることです。物価が上がるのはうれしいことではないですし、悪い円安が進むとも言われ、ネガティブなイメージを持つ人も多いことでしょう。

しかし、インフレの今だからこそ伸びている業界があることも事実です。

日本の個人金融資産は2000兆円を突破し、うち半分以上の約1100兆円が預貯金に眠っています。その約1100兆円の価値が相対的に下がってくるとなれば、お金をモノに替えておこうという心理が働きます。これは、私のような庶民には縁のない話なのですが、富裕層はその感覚を肌で感じていると思われますので、高額商品が飛ぶように売れているのです。

例えば、プライベートジェットを買えば、ビジネスの流れがもっと速くなりますし、「使うなら今だ！」と考える人もいるでしょう。

「お金を使うならインフレの今！」という感覚になっている人が増加傾向にあることは間違いないと思います。

そういえば、インフレが騒がれるようになってから、以前は月に1回見かければいいほうだったランボルギーニを、街中で見かけることが多くなったような気がします。ランボルギーニはイタリアの高級スポーツカーで、その価格は2000万〜5000万円。

これも以前から「いつかランボルギーニに乗ってみたい」と思っていた富裕層の方たちが、「どうせ現金で持っていても目減りするんだから、今がチャンス！」とばかりに買うようになったからなのではないか、と私は想像しています。

では、インフレ時に株価上昇が期待できる銘柄をピックアップしてみましょう。

ヤマハ発動機（7272）

会社プロフィール

「【特色】楽器のヤマハ発祥。2輪で世界大手。稼ぎ頭はマリン」
「【増額】北米堅調なマリンも供給回復。円安追い風。前号より営業増益幅拡大」

✔ここに注目！

ピアノで有名な楽器のヤマハから分社化した会社です。マリン部門のクルーザーが好調で、北米での需要が高まっています。ヤマハはバイクでもよく知られていますが、インフレになると高額品のクルーザーがよく売れるようになりました。

2022年夏号の四季報コメントには、「好採算のマリンは北米需要旺盛で好調続く」と書かれていました。2022年秋号でも似たコメントが見られ、好調であることがうかがえます。

髙島屋（8233）

会社プロフィール

「【特色】東京、大阪など全国展開する老舗百貨店」

「【増額】外商軸に序盤から高額品消費の好調続く」

✔ここに注目！

創業は1831（天保2）年、売上高が百貨店業界で2位の老舗百貨店です。日本橋（東京）、横浜（神奈川）、難波（大阪）を3大旗艦店とし、シニア層を主な顧客としています。

2022年10月12日付の日経新聞16面には「Jフロント・高島屋　黒字」という記事があり、高島屋のチャートは右肩上がりになっています。記事には、「けん引したのは高額消費だ」と書かれています。

Shinwa Wise Holdings（2437）

シンワワイズホールディングス

会社プロフィール

「【特色】美術品公開オークションの企画・運営で最大手、（中略）NFTアートを育成強化中」

「【堅調】点数、単価の上昇傾向続く。資産防衛目的の富裕層向けダイヤ販売も需要増勢」

「【NFT】仮想空間に作った江戸の街で天守閣再建などイベント連打、集客と取り引き活性化図る。ビトウィーン社と提携し美術品の売買だけでなく保管管理に本腰」

✔ここに注目！

美術品の公開オークションの企画・運営の最大手で、ダイヤモンド販売も行っています。ネットオークションも行っており、近代美術品、現代美術品の高額出品増が収益をけん引する要因となっています。

2022年夏号の四季報コメントでは、「インフレ傾向が美術品オークションに追い風」と書かれていました。

インフレが美術品オークションの追い風になるというのは、私自身も実感しています。われわれの複眼経済塾の事務所の下にアートギャラリーが入っていまして、今、かなりお客様の出入りが多いようなのです。多額の現金を持っている富裕層の方々が、将来的に値上がりしそうな美術品を購入している、ということなのでしょう。

また、この会社はNFT領域にも積極的であるため、インフレとWeb3・0という、現在注目されている2大テーマの追い風を受ける銘柄とも言えます。

住友金属鉱山（5713）

会社プロフィール

「【特色】非鉄金属と電子材料が2本柱。資源開発・製錬に重点投資、ニッケルで非鉄メジャー入り狙う」
「【減益幅縮小】ニッケルは数量増、価格上昇で在庫評価益膨張。（中略）営業減益幅縮小」

ここに注目！

金山を持っている住友金属鉱山は、インフレで人気が出る会社の1つです。また、住友金属鉱山は住友グループの原点でもあります。

住友グループの祖は福井県出身の住友政友（すみともまさとも）で、京都に進出して書店や薬の販売などを始め、のちに銅の精錬を行うようになりました。やがて、江戸の初期に愛媛県新居浜市の山麓部に偶然にも銅山を見つけて開発します。これが別子銅山です。

明治20年代、大量の銅の精錬を行ったことで亜硫酸ガスが発生。周辺をハゲ山にしてしまいました。そこでもう一度植林して山を取り戻そうと、毎年100万本単位で木を植えるようになりました。これが住友林業の発祥となっています。

【コロナ禍で業績アップ】逆境を力に転ずるレジリエンス株

─トレンドには、短期・長期の2種類が存在する

コロナ禍でさまざまなものが変化しましたが、その中で短期的なブームと、中・長期的なブームの2パターンが生まれました。

短期的なブームの代表と言えば、マスクです。新型コロナが流行り始め、マスク需要が高まって品不足になった2020年1~3月に大相場が来たものの、やがて品不

足も解消され、株価としては単なる一過性のブームで終わってしまいました。

一方、コロナ禍において中・長期的なニーズが発生しそうな領域に目をつけた企業も存在しました。いくつか注目の会社をご紹介しましょう。

オカムラ（7994）

会社プロフィール

「【特色】オフィス家具首位級、コクヨと双璧」
「【連続増配】オフィス家具は働き方改革に伴うレイアウト変更が追い風」
「【冷ケース】オフィス家具は固定席減少に伴う新レイアウトに合わせ商品展開を強化」

ピアズ（7066）

会社プロフィール

【特色】店舗運営コンサルから、オンライン接客サービス、個室型オフィスサービス事業強化に軸足移す」

「【上向く】オンライン接客サービスと個室型オフィスが増収牽引」

「【強化】個室型オフィスは法人に加え自治体への導入強化」

ここに注目！

コロナ禍の前まで私たちは、「ビジネス＝対面で行うもの」と思い込んでいました。ところが、感染予防のために家から出てはいけない、人に会ってはいけない、という状況になり、オンラインに切り替えてみたところ、必ずしも仕事相手と対面する必要はなかったという事実に直面します。

接客業など、リアルに人と接する職種でない限り、ネット環境さえ整っていれば会社以外の場所でも仕事ができることがわかったわけですが、そこで必要となってきたのが、「1人きりになれる静かな環境」です。

ここに目をつけたのが、オフィス家具首位の**オカムラ（7994）**と、**ピアズ（7**

066）でした。ともに個室ブースを売り出して業績を伸ばしています。
もう1つ、将来的に面白い展開が期待できる企業をご紹介します。

サンエー（2659）

会社プロフィール
「【特色】沖縄流通最大手。スーパー軸に外食等展開」

「【上向く】コロナ対応の店舗休業なく、既存店売上が前年上回る。外出機会増え、好採算の衣料品と外食回復」

「【省人化】浦添の大型店にフルセルフレジを試験導入。6月開店の宮古島の店舗で離島初のネットスーパー開始」

ここに注目！
1950年に個人商店として開業し、沖縄の本土復帰前の1970年に那覇市で設立されました。現在の本社は宜野湾市です。スーパーマーケットの他、ローソンと合弁で県内のコンビニ拡充をはかっています。また、飲食店を直営する他、家電量販店やドラッグストアをフランチャイズ展開しています。

１つ言えるのは、コロナ禍によって人々の意識が変わったことです。特に住む場所の意識は大きく変わっていて、地方に移住する人も増えてきました。実際に、２０２２年１月１日時点の住民基本台帳を基に、総務省が公表した人口動態調査（同年８月９日）では、１都３県（東京、埼玉、千葉、神奈川）の人口が１９７５年の調査開始以来、初めて減少したのです。これは大きな構造転換です。

この調査でもう１つ面白いのが、47都道府県で唯一、日本人の人口が増加したのが「沖縄県」だったことです。とすると、四季報の【特色】欄に「沖縄流通最大手」と書かれる**サンエー（2659）**は将来、面白い展開があるかもしれません。

長期トレンドになる「潜在テーマ」を探せ！

ここで、ブームとトレンドの違いについて少し触れてみることにします。

基本的に、ブームというのは一過性で、私たちの生活に定着することなく去っていくものです。先ほどマスクの例を挙げましたが、それ以上にわかりやすいのがタピオカではないでしょうか。

人は、「〇〇が流行っている」と聞くと飛びつきたくなるものです。2018年当時、まだ数が少なかったタピオカ店には大勢の人が押しかけました。

タピオカは原価率が低く、利幅が大きい商品です。これで一儲けしようと企んだ人たちが、後を追うように多数出店しました。

でも、その時すでにブームは終わりに近かったのです。案の定、多くの店ができた段階で人々は飽きてしまいました。

繰り返しますが、**ブームが短時間のうちに過ぎ去ってしまうものであるのに対し、トレンドは長期間にわたって私たちの生活に浸透してくるもの**です。

両者の違いは、「多くの人の生活を根本的に変えるかどうか」です。タピオカは嗜好品です。好きな人はブームが去っても飲みたいと思うかもしれませんが、おそらく

▼「ブーム」と「トレンド」の違いとは

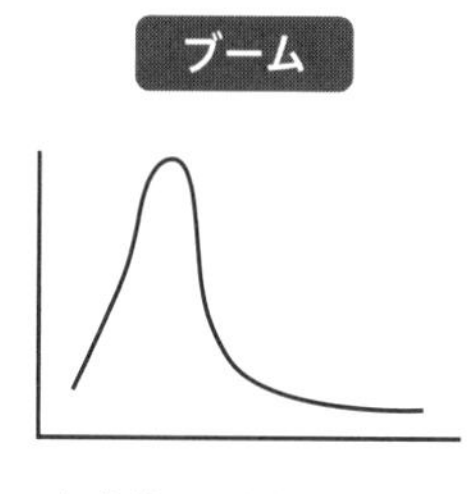

・短期的、一時的
・急速に加速し、すぐに減少へと転じる
・トレンドよりも数が生まれやすい
・中にはトレンドに転じるケースもある

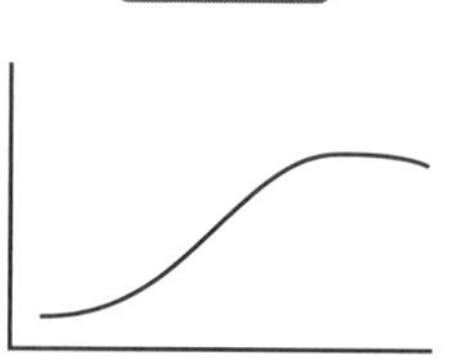

・長期的、持続的
・初速はゆるい
・社会への浸透力に長け、収束スピードは緩やか
・産業構造を変える可能性も秘めている

（複眼経済塾）

大多数の人にとっては「なくても困らないもの」だと思うのです。

一方、私たちの生活に溶け込み、必要不可欠となったのはどのようなものでしょう。まずは、昭和30年代に登場して「三種の神器」と呼ばれた洗濯機・冷蔵庫・テレビです。今や、これらのない生活はまず考えられません。

特に、手洗いでの洗濯は重労働です。世界の職業の歴史の中でも、洗濯を職業としていた女性（現代でいうクリーニング店に近い専門職）は、かなり古くからいたのだとか。昭和30年代に家事を担っていた主婦の方々にとって、手洗いでの洗濯から解放されたことのインパクトは、今の私たちには想像もつかないほど大きなものだったことでしょう。

冷蔵庫も同様です。冷蔵庫のない時代は食品を衛生的に保存することが難しく、必然的に毎日、食料品の買い出しに行かざるを得ませんでした。人は食べなければ生きていくことができません。ただでさえ、今よりも家族の人数が多かった時代、家族を飢えさせないように日々の糧を確保することには、大変な労力が求められたに違いありません。

最近は家にテレビを持たない人や、テレビがあったとしても見ないという人が増えてきていますが、長い間、テレビは多くの人にとって手近な娯楽であり続けました。

こうして「三種の神器」は一過性のブームではなく、人々の生活を便利にしたことから長期トレンドとなり、消費を押し上げ、それに関連する銘柄が成長していったのです。

現代では、インターネットが挙げられます。

インターネットの黎明期、拒絶反応を示す人は少なくありませんでした。ある人から、1990年代に書かれたある小説を読んでいたら、20代の女性主人公が「友人のY子は『自分は死ぬまでインターネットはしない』と言っている」と語る場面が出てきてびっくりした、と聞いたことがあります。また、ご高齢の方の中にはウェブやインターネットを「怖いもの」と思い込んでいる方も多かったように思います。

しかし今や、このようなことを言う人はあまり見かけません。

今も昔も、長期間にわたって私たちの生活を便利にしてくれるものが長期トレンドとなり、経済を動かす要因の1つになっていくことは間違いありません。

みなさんも、ぜひ長期トレンドとなりうる潜在テーマを見つけて、関連銘柄を仕込んでおいてください。

【非財務・人的資本】企業の人材はまさに〝金鉱〟

四季報2022年夏号を読んで、私は「非財務・人的資本」がこれからのトレンドになる一大テーマではないかと感じました。

売上や営業利益、経常利益など数字化できるものとは異なり、人的資本、すなわち社員の技術や能力は、数字に換算されてはおらず、したがってＰＬにもＢＳにも出てくることはありません。

その、現時点では「数」で表現できていない人的資本を見える化していこう、というのがこのテーマです。

私がこのテーマに気づいたのは、第2章でご紹介した「四季報曼荼羅」を書いていたときのことです。少数ワードとして「人的資本」という言葉が4件、「人財」が2件、「非財務」が2件、というふうにポロポロと出てきました。全部、これまでに見たことのない新しい言葉です。

特に気になったのは、次の銘柄でした。

リンクアンドモチベーション（2170）

会社プロフィール

「【特色】組織・人事・ＩＲなど経営コンサルが主柱」

「【倍増】柱の組織診断・変革サービスが大幅増。企業内個人向けＤＸ支援も高成長」

「【開示コンサル】23年から開示義務化見通し、人的資本情報の開示コンサルティングを開始」

ここに注目！

組織・人事・ＩＲなど、経営コンサルを主柱とした会社です。コメント後半の文言に、私はそれまでにない新しさを強く感じました。２０２２年夏号の四季報から抜粋してご紹介しましょう。

「【人的資本】日本で初めて人的資本に関する情報開示のガイドラインの認証を取得。人的資本マネジメントを加速。人材開発領域の新サービスを６～7月に提供開始」

（『会社四季報』2022年夏号）

「人的資本」というワードが気になり、調べていったところ、非常に大きなテーマであることがわかったのです。

まず、岸田内閣が国策として人的資本についていろいろと指示していることがわかりました。

岸田内閣は主要政策として次の４つを挙げています。

①新型コロナ対応
②新しい資本主義
③外交・安全保障
④災害対応

▼成長と分配の好循環のイメージ

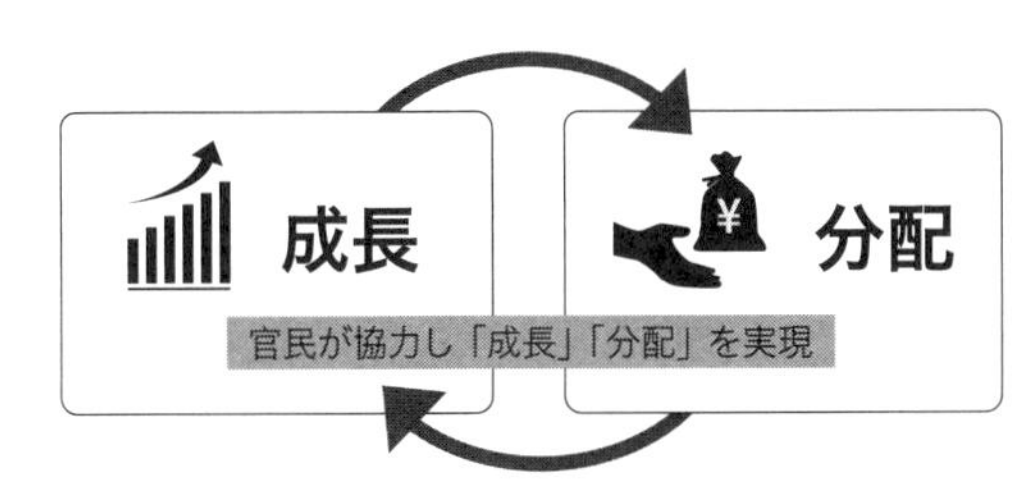

（首相官邸ホームページより）

このうち、②の「新しい資本主義」を見てみましょう。

２０２１年、岸田首相は「新しい資本主義の実現を目指す」とし、その実現のためには企業の成長と、その成長の果実としての分配をしっかりと行うことで、経済成長が実現すると述べました。

つまり、成長戦略と分配戦略の両方を実現することで、「成長と分配の好循環」を作り出そう、というのです。

このうち分配戦略には、

①所得の向上につながる「賃上げ」

▼「新しい資本主義実行計画工程表」：
「人への投資と分配」

2022年6月 2022年夏→	2022年末→	2023年度	2024年度
6-7月有報の**非財務情報**の開示強化について金融審議会で結論	年内目途 内閣府令改正	早ければ2023年3月期より、有価証券報告書において**人材育成方針**や**社内環境整備方針**、これらを表現する指標や目標の記載を義務化	
6月目処に**人的資本可視化**指針案とりまとめ 夏：人的資本可視化指針の公表	**人的資本可視化**指針の周知徹底、経済団体等に対する説明の実施		
	労働市場に対して、**人的資本**に関する**企業の取組の見える化**について報告書とりまとめ		

（内閣官房「新しい資本主義実行計画工程表」を参考に複眼経済塾が作成）

②「人への投資」の抜本強化
③未来を担う次世代の「中間層の維持」

という3つの柱がありますが、ここで私が着目したのが②の「人への投資」の抜本強化です。

さらに調べていくうちに、「新しい資本主義実行計画工程表」（2022年6月7日）内の「1．人への投資と分配」という資料に行き当たりました。

その中に、「人的資本等の非財務情報の株式市場への開示強化と指針整備」（6ページ）というものがあったのです。前ページの工程表を参照してください。「人的資本可視化」とか、「人的資本に関する企業の取組の見える化」といった言葉が出てきます。

なるほど、国策としての「人的資本の株式市場への開示」がベースにあるがゆえに、**リンクアンドモチベーション（2170）**の「人的資本に関する情報開示のガイドライン」や「人的資本マネジメント」が求められるのだな、と得心した次第です。

新時代の評価軸は「人に関わる資本」

57ページの図にもありますが、ＩＩＲＣによれば、企業は次に挙げる6つの資本からなっています。

・財務資本
・製造資本

・知的資本
・人的資本
・社会・関係資本
・自然資本

このうち、財務資本と製造資本が可視化できるため、今までこれら6つの資本を基準に企業評価がなされてきました。

ここに、「人的資本だけでなく、可視化しにくいその他の資本も加えて総合的に評価しよう」という視点を加えたのが、このたびの「新しい資本主義」の考え方です。

例えば、外部機関に頼んで社員に研修を受けさせたとしましょう。すると、現状の財務諸表上では、研修費用はコストとして消えてしまいます。

しかし、その研修は人の資本価値（＝スキルや考え方などの実践知）を高めていることになるので、研修に投じた資本は人的資本に形を変えただけ、とも言えます。そのような考え方をしよう、とこのガイドラインは言っているわけです。

「非財務情報可視化研究会の検討状況（令和4年3月内閣官房・経済産業省）」という資料では、ＩＩＲＣが考える人的資本について次のように書かれています。

「人々の能力、経験及びイノベーションへの意欲、例えば、

・組織ガバナンス・フレームワーク、リスク管理アプローチ及び倫理的価値への同調と支持

・組織の戦略を理解し、開発し、実践する能力

・プロセス、商品及びサービスを改善するために必要なロイヤリティ及び意欲であり、先導し、管理し、協調するための能力を含む」

つまり、会社へのロイヤリティ、つまり忠誠心ややる気、経験、意欲なども「資本」なのだと言っているのです。私が入社したころの野村證券がまさにこれでした。ロイヤリティが極めて高かったのですが、それには全寮制であったことも影響していたと思います。社員同士が寮で共同生活を送ることによって、嫌でも一体感が高まり、1

人1人に会社の考え方が浸透していきました。

あれこそが人的資本だったのではないかと思うのです。株価が最高値をつけたのも、私が野村證券に入社するちょっと前の1987年でした。

職人技に隠された知見

私が「人的資本」と聞いて真っ先に思い出すのは、あるカメラメーカーのエピソードです。そのメーカーでは、東日本大震災のときに関東地方にある工場が被災して、生産がストップしてしまいました。

てっきり私は製造ラインが壊れたのだろうと思っていたのですが、そうではなかったのです。そのメーカーには、非常に優秀なレンズ磨きの職人さんがいました。

ここのレンズは世界的な評価を得ており、アマチュアからプロまで、カメラを手にする人の多くの垂涎(すいぜん)の的となっています。

この世界的に評価が高いレンズの最終工程をその職人さんが担当していたのですが、

自家用車で通勤していた彼らが、震災の影響によるガソリン不足で出社できなくなってしまいました。だから出荷を止めるしかなかった、というのです。

すごいことだと思いませんか？　職人さんたちが持っているのは、独自の「知見」であり、まさに「人的資本」そのものです。

「それほど会社の利益に寄与しているということは、彼らのお給料は高額なのですか？」と、同社ＩＲの方に尋ねたところ「普通じゃないかな」とのことでした。

「人的資本の可視化」という岸田政権による施策によって、独自の知見を有する方々に、もっとスポットが当たるようになることを切に願わずにはいられません。

個人が有するノウハウにこそ価値がある

私は野村證券時代、定年退職によって、先輩方が持っていたすごいノウハウや知見が埋もれていくことを、とてももったいないと感じていました。

というのも、野村證券には、数千億円もの資産を持っている大企業のオーナーに対して金融アドバイスができるほどのノウハウを持っている人がたくさんいました。

私自身は、100億円くらいまでならどうにかアドバイスできますが、兆を超えるとわからなくなってしまいます。ところが、野村證券にはそれができる先輩方が多くいらっしゃったのです。しかし残念なことに、そうした方々の多くは際立った出世をされていません。そのため、せっかくの素晴らしいノウハウが活かされにくいのです。

それでは、そんな「埋もれた知見」の活用法に注目した企業をご紹介しましょう。

ビザスク（4490）

会社プロフィール

「【特色】ビジネス知見持つアドバイザーと顧客をつなぐ「スポットコンサル」展開」

「【連結事業】知見プラットフォーム」

「【黒字化】日米人材データベースの相互活用で国内外の需要開拓」

「【新分野】質問を送ると5人以上の有識者が24時間以内に回答する「ビザスクｎｏｗ」」

育成」

✔ここに注目！

日本初にして最大級の「知見のプラットフォーム」の会社です。同社が提供するサービスの通称は「スポット」＋「コンサルティング」を組み合わせた「スポットコンサル」。さまざまなビジネス領域に精通したアドバイザーに、1時間から対面・電話で相談できる仕組みになっています。

私が興味を持ったのは、代表取締役CEOである端羽英子（はしばえいこ）氏の経歴です。東京大学を卒業後、ゴールドマン・サックスに入社され、若くして結婚。お子さんを出産後、MBAを取得されたそうです。株主総会でお会いした際の人柄も素晴らしく、とても好感が持てました。

▼日本の総人口および人口構造の推移と見通し

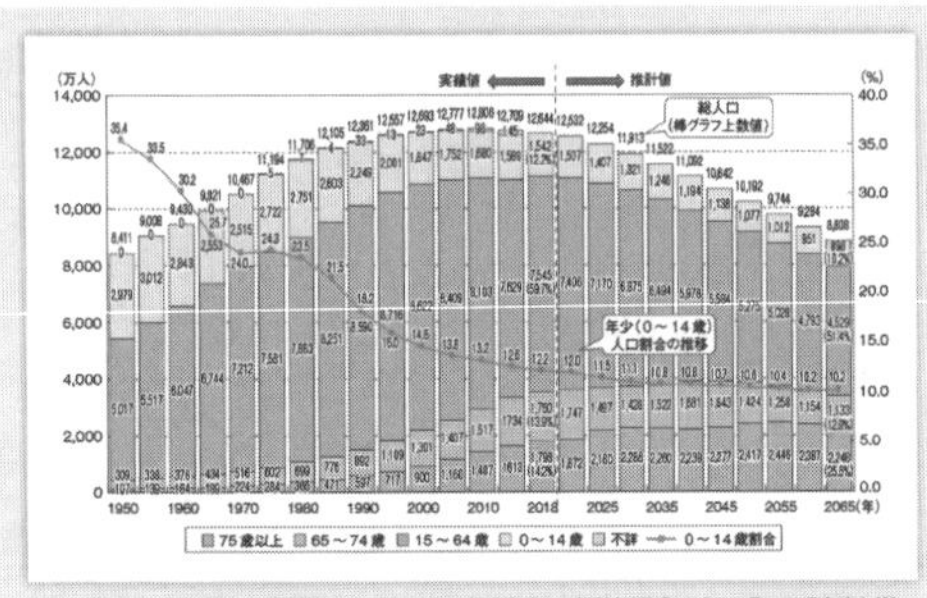

資料：2015年までは総務省「国勢調査」、2018年は総務省「人口推計」(平成30年10月1日現在確定値)、2020（令和2）年以降は国立社会保障・人口問題研究所「日本の将来推計人口（平成29年推計）」の出生中位・死亡中位仮定による推計結果。

注：2018年以降の年齢階級別人口は、総務省統計局「平成27年国勢調査　年齢・国籍不詳をあん分した人口（参考表）」による年齢不詳をあん分した人口に基づいて算出されていることから、年齢不詳は存在しない。なお、1950~2015年の年少人口割合の算出には分母から年齢不詳を除いている。

注：年齢別の結果からは、沖縄県の昭和25年70歳以上の外国人136人（男55人、女81人）及び昭和30年70歳以上23,328人（男8,090人、女15,238人）を除いている。

（内閣府「令和元年版少子化社会対策白書」より）

○【高齢社会・ロボット】超高齢化×少子化社会の救世主！

先ほど、株式投資を成功させるには、長期トレンドを見極めることが大切というお話をしました。その意味で、「高齢社会」というのは現在の日本において、絶対的な長期トレンドということができます。

戦後、日本は急速に少子高齢化が進みました。そのスピードは欧米を超えると言われています。

現在、戦後のベビーブームの時代

（1947～50年・昭和22～25年）に生まれた、人数の多い「団塊の世代」の人たちが高齢になったことも影響し、65歳以上の人口が15歳未満の人口を上回る状態が続いています。

日本に対しては、人口減少による国力低下を懸念せざるを得ず、少子化に歯止めをかけることが課題であることは事実です。ただ、株式投資という観点から見たとき、高齢者の方の生活を便利にするモノやサービスを提供するシニア向けの事業は、間違いなく長期トレンドではあるのです。

これから確実に訪れる超高齢化社会に向けて、成長が期待できる会社をご紹介しましょう。

CYBERDYNE（7779）

サイバーダイン

会社プロフィール

「【特色】ロボットスーツ「HAL」開発の筑波大発ベンチャー。レンタルによる医療・

福祉サービス主体」

「【買収会社】 米国リハビリ施設数は買収時16から今期中30に拡充狙う。山海社長自ら目利きのベンチャー出資は現状好成績」

✔ここに注目！

この会社の社長であり、筑波大学の教授でもある山海嘉之（さんかいよしゆき）氏は私の大学の先輩です。小学校の卒業文集に「将来はロボットを作りたい」と書き、ひたすらその道を邁進してきたそうです。同氏がよく口にするのが、「日本は技術で勝つが、ビジネスでは負ける。だから自分はビジネスの段階から勝てる仕組みを考えている」ということです。

例えば、日本では業界団体による許可が下りずに先に進めないことがしばしばあるので、それを回避するために先に自分で業界団体を作るといったことを考えている、と言うのです。「技術でも勝ってビジネスでも勝つ」そんな素晴らしいビジョンを持った会社です。

介護現場以外でも、ロボットはさまざまな分野で活躍が期待されます。

事例をいくつかご紹介しましょう。運輸・建設関連で言えば、海運業社の辰巳商会、建設大手の清水建設、竹中工務店などでは、作業現場で重い荷物を運ぶ際に、人工筋肉が収縮することで人体をサポートするアシストスーツを活用しています。

アシストスーツのメーカーで、私が注目しているのは菊池製作所という会社です。

菊池製作所（3444）

会社プロフィール

「【特色】板金や成形、機械加工を核にした試作・金型が主力。アシストスーツやロボットの育成に力点」

「【量産化】欧米でのアシストスーツ拡販へ、物流倉庫や建設現場の作業効率化を訴求」

ここに注目！

今ではロボットの活躍が当たり前のようになっていますが、10年前はまだあまり注目されていませんでした。209ページでご紹介したCYBERDYNEと同様、早くからロボットに着目していた企業です。東日本大震災以前から、福島県飯館村に主力工場はあったものの、まだ震災とそれに続く原発事故への恐怖心が強く残っていた2016年に、同じく福島県の原発被災地域である南相馬市に新工場を開設しました。
地域の雇用の後押しになったのはもちろん、何よりも「この場所に工場が来てくれた」という事実に、地元の方々は励まされたことでしょう。

○【農業IoT】日本の農業を持続可能な形にアップデート

IoTとは「Internet of Things」を略した単語で、直訳すると「モノのインターネット」となります。モノをインターネットにつなげることで、ネットワークを通じてサーバーやクラウドと接続して相互の情報交換を可能とし、利便性を高める仕組みです。

私が今、注目しているのは農業IoTです。というのも、日本の農業が現在直面している深刻な問題に農業従事者の高齢化があるためです。

農林水産省のサイトで公表されている「農業労働力に関する統計」によると、2021（令和3）年の日本の農業従事者（個人経営体）の平均年齢は67・9歳です。

他の産業に比べて年齢層がとても高く、高齢化とともに耕作を放棄された土地が増加し、人手不足も深刻さが増しています。また、農林水産省の「日本の食料自給率」によれば、令和3年度の食料自給率（カロリーベース）は38％となり、前年度を1ポイント上回りはしたものの、先進国の中では最も低い水準となっています。日本の食料自給率は、半分以上を外国からの輸入に頼っており、危機的状況にあると言えるでしょう。

こうした諸問題を解決するために注目を集めているのが、農業ＩｏＴです。

農業で一番大変なのは農地と作物の管理ですが、農地にチップを埋め込めば、土壌の様子を離れた場所からでも高精度にモニタリングできます。そのため、大雨などに見舞われた際でも、直接農地を見に行かなくてよくなります。また、ドローンを飛ばすことで上空から作付けの悪いところを探し、そこにだけ肥料をまくといったことも可能になり、減農薬にもつながります。さらに、無人トラクターを走らせれば、農地を耕したり、作物を収穫したりすることも無人でできるようになります。

何よりも、これなら高齢になっても農業を続けることができますし、「農業は重労働」というマイナスイメージを抱いている人のことも取り込みやすくなるでしょう。

オプティム（3694）

会社プロフィール

「【特色】スマホやPCなど法人向け端末の一括管理サービスを提供。遠隔サポートも」

「【開拓】iPhone使う測量アプリが国交省の先端技術（NETIS認定）取得」

ここに注目！

農業IoTといえばオプティムと言われるくらい、業界内では有名な会社です。代表取締役の菅谷俊二（すがやしゅんじ）氏は、佐賀大学在学中の2000年に、大前研一氏がプロデュースしたビジネスプランコンテストに応募し、孫正義賞（特別賞）を受賞。ソフトバンクからアイデア買い取りのオファーを受けましたが、自分たちでやりたいという理由でこれを断り、同年、会社を設立しました。

２０１９年秋号のコメントでは、「【農業支援】兵庫県と病害虫検知や農薬散布技術を使った共同事業を始動、丹波地方の特産品生産を支援。長崎・五島でＡＩドローンを使った作付け確認支援を開始」と書かれていました。

【自動運転】人手不足の時代、「常識」を変える自動化技術

ＩｏＴに関連するものとして、建設機器の自動運転化も現在の「常識」を大きく変えることになるでしょう。

少子高齢化が進む日本では、建設現場のオペレーター不足がすでに深刻な問題になっています。この現状を打破するのが、ＩｏＴによる建機の自動運転化です。

例えば、高所作業を行うクレーンのオペレーターは、高所にあるクレーン本体への昇り降りに時間がかかることから、現状では、作業開始時に昇ったら夕方の作業終了時まで降りてくることができません。そして、クレーン内にはトイレがないので、水分補給を控えなくてはならず、身体への負担も少なくありません。

夏の暑さや冬の寒さもかなりのものでしょうし、何よりも現場で建機を扱うのはリスクと隣り合わせです。

ＩｏＴの技術を利用すれば、オペレーターが安全な場所から建機を遠隔操作できるようになります。

私がこの分野で注目しているのが、ＪＩＧ－ＳＡＷ（ジグソー）という会社です。

ＪＩＧ－ＳＡＷ（３９１４）

会社プロフィール

「【特色】主力はサーバーなどの自動監視システム。ＩｏＴエンジンが国内外有力企業に採用され急成長」

「【続伸】大黒柱のサーバー自動監視は企業の外注化需要が依然旺盛で新契約好調。ＩｏＴエンジンはライセンス先急増。（中略）ＩｏＴは高成長」

「【本格化】ＡＷＳ（著者注、Amazon Web Servicesの略。Ａｍａｚｏｎが提供し

ている200以上のクラウドコンピューティングサービスの総称）のセキュリティ脅威検知へ自動対応する新サービス本格展開」

✓ここに注目！

サーバーなどの自動監視システムを主力としています。IoTエンジンが国内外の有力企業に採用され、急成長中の会社です。

2022年春号の四季報コメントには、「【自動運転】実証実験で好結果出た建機自動運転は製品化に向けた取り組みへ移行」と書かれ、次の夏号では「建機自動運転は他建機との協調制御連携実験に着手、業界標準化目指す」と書かれていました。

【ジャポニスム再来】日本の底力を侮(あなど)るなかれ！

2000年以降、中国が「世界の工場」と呼ばれるようになり、多くのモノが作られるようになりました。やがて、経済発展により中国の人件費が上がると、生産拠点は東南アジアに移っていき、先進国では製造業の空洞化が起こりました。

しかし私は近年、日本の製造業が見直されていると感じています。そして、その傾向はますます強まっていくのではないかと思っています。

私が最初にそれを意識するようになったのは、四季報2015年春号を読んだときのことです。当時、東京JASDAQに上場していたリーバイ・ストラウスジャパンのコメントに「『メイド・イン・ジャパン』打ち出し需要喚起」とあったのです。どうして、アメリカのリーバイスがメイド・イン・ジャパンを打ち出すのか？　謎でした。

また、中国企業に買収されたレナウンのコメントにも「メイド・イン・ジャパンを打ち出した新製品を売り物にする」という趣旨のコメントが書かれていました。

他にも、外国企業の日本産へのこだわりをうかがい知ることができる事例はないか調べました。すると、雑誌『プレジデント』（プレジデント社）に、日本ヒューレット・パッカードが中国の工場を閉鎖してわざわざ東京に工場を移したという記事を見つけたのです。当時は、日本の工場を閉めて中国に移すのが主流だったのに、逆をやっていたわけです。

なぜだろうと思い、その記事をじっくり読んだところ、トータルコストは日本で作ったほうが安いというのが理由でした。

トータルコストとは、1つは「納期の早さ（＝納期が長くなれば、工場での商品在庫の保管にかかる費用が増してしまう）」であり、もう1つは「カスタムメイドの対応力（＝商品自体の品質をどれだけ担保できるか）」なのだとか。カスタムメイドは1700万通りあるらしいのですが、これは日本語でコミュニケーションの取れる日本工場でしか対応できないことがわかったということでした。

これらをすべて勘案すると、日本で作ったほうが安いという結論に達したそうです。これもまさに、先ほどご紹介した「人的資本」に関連するエピソードと言えるでしょう。

ちなみに、このヒューレット・パッカードの面白いところは、「メイド・イン・ジャパン」でなく「メイド・イン・トウキョウ」とうたってあるところです。「トウキョウ」というあたりに、「東京」というブランドがいかに高い評価を得ているかが表れていると思います。

なお、最近では「ユーズド・イン・ジャパン」も価値が上がってきています。日本で使われたものは品質がよく、しかも安心できるという評価が定着しているからです。例えば今、アフリカで日本車がよく売れています。ケニアでは、国民の多くが知っている日本語があると聞きました。それは「ＥＴＣカードが挿入されていません」だそうです。

日本から輸出された車のエンジンをかけると真っ先にこの言葉が流れてくるので、いつしかケニアの人々の間で定着したようです。ちなみに余談ですが、これは「安全のため、シートベルトをしめてください」といったような意味だと思われているのだそうです。

コメ兵(ひょう)ホールディングス（2780）

会社プロフィール

「【特色】中古ブランド品首位、名古屋本拠」

「【増額】買い取りは前期からの特化店の積極出店奏功、既存店も順調で第1四半期に過去最高更新」

「【M&A】中国・上海は11月4号店開業、コロナ禍後に備え」

✔ここに注目！

中古ブランド品首位の会社です。

2014年新春号の四季報で「訪日旅行客への免税販売が好調」というコメントが出始めました。そこからいわゆる「インバウンド相場」になりましたが、そのタイミングでこの会社の株価は上昇していきました。

今後はインバウンドの再開に加えて、インフレも追い風になると考えています。これからさらにインフレが加速すると仮定した場合、物価も今以上に上昇しますので、家に眠っているお宝がどんどん市場に出てくるのではないかと予想されます。

【日本橋】再開発の裏側に秘められた壮大なストーリー

日本橋あたりの不動産を持っている会社も、これから伸びていくのではないかと私は予想しています。

日本は人口が減ってきているのに、なぜ日本橋あたりではいつも大規模な再開発が行われているのか？　それが私の疑問でした。

そしてあるとき、気づいたのです。外資系企業などもすっぽり入れるくらいのとてつもなく大きなインフラが作られ、兜町に近い日本橋エリアが国際的な金融の中心になっていくのではないか、と。

日本橋周辺が、これまでアジアの金融ハブとなっていた香港とシンガポールにとって代わるのではないかというのが私の予測です。


近年、香港ではデモが起こるくらいの言論統制が進み、中国の習近平国家主席はしきりに「香港は中国の一部だ」と主張しています。そうなると、金融ハブとしての役割を果たすのは難しくなってくるでしょう。

シンガポールは、国際金融都市という位置づけですが、比較的新しい国ということもあり、固有の文化や歴史を長きにわたって積み重ねてきたわけではありません。

そうなると日本、それも「急速に開発が進む兜町に近い日本橋エリアが、世界の次なる金融ハブ候補になっていて、水面下でプロジェクトが動いているのではないか？」と感じられるのです。日本橋が金融ハブになると仮定した場合、次の銘柄が面白いのではないかと思います。

平和不動産（8803）

会社プロフィール

「【特色】東京、大阪、名古屋、福岡の証券取引所を賃貸」
「【反落】主力のビル賃貸は兜町再開発ビルがフル寄与、新規物件も貢献」
「【整備】賃貸物件は都心と地方中核都市のオフィス取得に軸足」

ここに注目！

【特色】欄から推測できた方もいらっしゃるでしょうか？

そうです。この会社は、東京証券取引所の大家さんにあたります。また、東京・兜町に土地を持っています。見出しには、【反落】というネガティブキーワードが出現していますが、兜町の再開発計画についてはポジティブに言及されていることがおわかりいただけるでしょう。

四季報２０２１年春号を読んでいるときに、三井不動産、三菱地所、平和不動産のチャートを見比べると、三井不動産、三菱地所は高値を更新していないのに、平和不動産だけが右肩上がりに上昇し高値を更新していることに、私は気づいたのです。明らかに他とは異なる動きをしていました。「なぜだろう？」と思ったときにひらめいたのが、小池百合子東京都知事がずっと発言し続けていた「東京金融ハブ構想」でした。

２０２７年度に、三菱地所が東京駅日本橋口に東京トーチタワーという地上３９０ｍの日本一高いビルを竣工する予定があります。

そのため、兜町を中心に日本橋や東京駅八重洲口のあたりまで大規模な再開発が行われて、東京金融ハブが実現するのではないかと私は思っています。

▼日本橋兜町エリアの不動産を所有する不動産３社の四季報チャート比較

（複眼経済塾）

　このエリアにはいろいろな証券会社が集まっており、証券取引所があります。日本橋郵便局という郵便発祥の地もあれば、第一国立銀行（現・みずほ銀行）という銀行発祥の地もあります。

　そして、これらの創設には渋沢栄一が関わっていて、兜町には同氏の邸宅もありました。同氏は2021年度の大河ドラマの主人公となり、2024年には1万円札の顔になることが決まったとなれば、東京駅～日本橋～兜町エリアに東京金融ハブができ、東京はロンドンやニューヨークと並ぶ金融三大都市になると考えられるのです。

新型コロナが落ち着きを取り戻すのと歩みをそろえて、東京が金融ハブとして生まれ変わり、ジャポニスム再来の夢が実現すると私は信じています。

おわりに

本書をお読みいただき、ありがとうございました。最後に、株式投資をする上で私が最も大切にしていることをお伝えしたいと思います。それは、「投資対象には、心から応援したくなるような会社を選ぶ」ということです。

たしかに、単に値上がりしそうな銘柄を仕込んで、上がったら手放すという方法もあります。でも、それだけでは株式投資の本当の醍醐味は味わえないのではないかと思うのです。

「日本にはこんなに素晴らしいことをしている会社があるんだ！」「この会社をぜひ応援したい！」そんな会社を見つけて株主になってみてください。

また、株主総会にはぜひ足を運んでみることをおすすめします。自分が応援している会社の経営陣がどんな人たちなのか、自分の目で確かめましょう。百聞は一見に如かず、ということわざがあります。資料やインターネットの情報だけではわからない

「何か」――つまり、「企業を定性的に評価するにあたって大切にすべき感覚的な指標」をあなたもきっと発見することができるはずです。

株主総会で実際に会った経営陣が、思っていた通りの素晴らしい人々なら、「自分の直感は正しかった」と自信を持ってください。もしかしたら「思っていたのとは違ってがっかりした」ということもあるかもしれません。でも大丈夫です。そんなときは「いい勉強になった」と思えばいいのです。どうして自分が思い違いをしていたのか、その原因を分析するのもいい勉強になります。

株主として上場会社とこのような関わり方をしていくうちに、今、世の中で起こっているさまざまな現象が、相互に関係し合っていることが実感できるようになっていきます。それまで存在してはいたけれども、あなたの目には映っていなかった世界が見えるようになってくるのです。

ぜひ、奥深い「市場経済」という世界を楽しんでください。

2022年11月

渡部清二

著者略歴

渡部清二（わたなべ・せいじ）

複眼経済塾 代表取締役塾長

1967年生まれ。1990年筑波大学第三学群基礎工学類変換工学卒業後、野村證券入社。個人投資家向け資産コンサルティングに10年、機関投資家向け日本株セールスに12年携わる。野村證券在籍時より、『会社四季報』を1ページ目から最後のページまで読む「四季報読破」を開始。25年以上継続しており、2022年秋号の会社四季報をもって、計100冊を完全読破。2013年野村證券退社。2014年四季リサーチ株式会社設立、代表取締役就任。2016年複眼経済観測所設立、2018年複眼経済塾に社名変更。2017年3月には、一般社団法人ヒューマノミクス実行委員会代表理事に就任。テレビ・ラジオなどの投資番組に出演多数。「会社四季報オンライン」でコラム「四季報読破邁進中」を連載。『インベスターZ』の作者、三田紀房氏の公式サイトでは「世界一『四季報』を愛する男」と紹介された。著書に、『会社四季報の達人が教える 誰も知らない超優良企業』（小社刊）、『会社四季報の達人が教える10倍株・100倍株の探し方』（東洋経済新報社）、『「会社四季報」最強のウラ読み術』（フォレスト出版）などがある。

〈所属団体・資格〉
公益社団法人日本証券アナリスト協会認定アナリスト
日本ファイナンシャル・プランナーズ協会認定AFP
国際テクニカルアナリスト連盟認定テクニカルアナリスト
神社検定２級、日本酒検定２級

SB新書　603

会社四季報の達人が全力で選んだ 10倍・100倍になる！　超優良株ベスト30

2022年 12月15日　初版第1刷発行
2022年 12月28日　初版第2刷発行

著　者　渡部清二

発行者　小川 淳
発行所　SBクリエイティブ株式会社
〒106-0032　東京都港区六本木2-4-5
電話：03-5549-1201（営業部）

装　幀　杉山健太郎
本文デザイン DTP　株式会社ローヤル企画
編集協力　堀 容優子
校　正　株式会社ヴェリタ
編集担当　大澤桃乃（SBクリエイティブ）
印刷・製本　大日本印刷株式会社

本書をお読みになったご意見・ご感想を下記URL、
または左記QRコードよりお寄せください。

https://isbn2.sbcr.jp/17721/

落丁本、乱丁本は小社営業部にてお取り替えいたします。定価はカバーに記載されております。本書の内容に関するご質問等は、小社学芸書籍編集部まで必ず書面にてご連絡いただきますようお願いいたします。

ISBN 978-4-8156-1772-1